Vous

et votre inconscient

Initiation à la psychanalyse à travers les rêves,
l'art, les mythes et les contes de fées

LES CONTES ET LES MYTHES

Vous
et votre inconscient

Initiation à la psychanalyse à travers les rêves, l'art, les mythes et les contes de fées

FRANCE LOISIRS
123, boulevard de Grenelle, Paris

Coordination éditoriale : Flavio Ermini
Directeur artistique : Giorgio Seppi
Conception graphique : Manuela Colombo
Illustrations : Sergio Bellotto
Réalisation : Carma S.r.l., Milan

Titre original : GIOCHI CON I SEGRETI DELLA MENTE
Traduit de l'Italien par Aurélie Tisseyre

Crédits photographiques :
Alinari, Florence : 54, 56 g ; © Alinari/Giraudon ; 56 d ; Archives Mondadori : 50, 52, 53 d ;
© 1943 Gallimard © 1994 RCS Milan : 98, 99, 102 ; Index, Barcelone : 49, 57 ;
Réunion des Musées nationaux : 53 g ; Luisa Ricciarini, Milan : 64, 65, 66, 67, 73 ;
Teatro Regio di Parma / A. Dallatomasina, Parma : 59, 61, 62.
© Pablo Picasso, Jackson Pollock / SIAE, 1995.

ISBN : 2-7441-0909-6

N° Editeur : 28089
Dépôt Légal : février 1998

Editions du Club France Loisirs, Paris,
avec l'autorisation des Editions Hors Collection.
Imprimé en Espagne
D.L. TO: 410-1997

Introduction

Comment est-il possible de connaître les événements qui caractérisent la vie tumultueuse de l'âme ? Pouvons-nous comprendre ce qui se passe dans notre inconscient ? Dans l'inconscient d'un peuple ou d'une nation ?

C'est à ces questions que nous nous sommes efforcés de répondre dans cet ouvrage, dont l'ambition est de contribuer, à travers le jeu, à une meilleure connaissance de notre structure psychique.

Le développement s'articule en trois parties.

Dans la première, nous évoquons les rêves de certains patients en analyse, relatifs à leur histoire personnelle et aux difficultés qu'ils rencontrent dans la vie de tous les jours. En les analysant, nous sommes parvenus à déterminer une ou plusieurs solutions possibles à leurs problèmes immédiats. Réfléchir sur quelques exemples semble un bon moyen d'explorer le monde de l'inconscient…

Dans la deuxième partie, nous traitons de l'art, en nous attachant plus particulièrement aux mécanismes de la création et à l'interprétation symbolique de l'œuvre. Nous pouvons ainsi jeter un regard sur le rapport complexe qui relie le monde de l'art à l'inconscient d'un peuple, d'une nation et de notre société.

Enfin, dans la troisième partie, les contes de fées et les mythes nous accompagnent dans l'analyse symbolique des processus psychiques : ils ont été depuis toujours parcourus par la fantaisie, l'esprit, l'imagination, l'habileté créative, la profondeur et la sagesse de l'inconscient collectif.

Tout l'ouvrage offre trois niveaux de lecture, qui permettent au lecteur de jouer en interactivité avec le texte.

Le premier niveau est constitué, dans chaque chapitre, par le récit d'une situation psychanalytique typique. Un système de questions permet d'approfondir à loisir le sujet abordé.

Chaque thème est évoqué dans un langage non spécialisé, simple, direct, n'excluant pas l'humour qui s'exerce souvent dans le travail psychanalytique. Le lecteur sera sans doute surpris par la fascination, l'imprévu, la richesse, la diversité typique du langage de

Sommaire

l'inconscient... Il sera amené à l'utiliser pour s'interroger sur son propre monde intérieur, et sur le sens des symboles rencontrés.
Le deuxième niveau répond d'ailleurs à ces questions. Dans chaque chapitre, apparaissent des encadrés ; chacun explique le sens d'un des symboles ou des symptômes décrits par le récit, les rêves, les illustrations. Même dans ce cas, le lecteur pourra se confronter au texte, et s'informer sur le sens, les problèmes sous-jacents, la relation entre le caractère et la structure de la personnalité à laquelle on se réfère. Il est donc invité à exprimer sa propre opinion, pour ensuite la comparer à celle développée en marge ou en fin de chapitre. Ont été insérées des questions qui font référence aux concepts et aux mécanismes clés de l'interprétation psychanalytique.
Le troisième niveau est constitué d'un « bandeau », qui court le long de la partie inférieure de la page et aborde d'un point de vue théorique les thèmes présentés dans le chapitre. Chaque sujet, mis en évidence en caractères gras, est décrit brièvement mais précisément. Il est possible de parcourir ce « bandeau » sans nécessairement se référer au texte ; les sujets sont classés, dans chaque chapitre, par ordre alphabétique. On peut donc s'y référer comme à un glossaire concis des termes psychanalytiques les plus courants.

Les rêves

Le rêve est une expression spontanée de l'inconscient qui recourt, avec une grande sagesse, au langage extrêmement riche et bigarré des symboles ; assez pour être souvent considéré comme la meilleure représentation possible des faits qui traversent notre « monde souterrain ». Quelques rêves présentent un caractère vraisemblablement compensatoire. D'autres proposent des présages ou des défis. D'autres, encore, révèlent l'accomplissement d'une condition ou d'une nécessité psychologique. Dans l'ensemble, nous pouvons considérer nos rêves comme une représentation dramatique, se déroulant sur la scène de notre « théâtre intérieur » ...

L'attention portée à la valeur psychologique des rêves s'est considérablement accrue ces dernières décennies : retranscrire ses propres rêves et chercher à les analyser en les mettant en relation avec le contexte dont ils émergent est une démarche plus en plus répandue (même par des personnes qui ne suivent pas d'analyse).

De nos jours, comprendre ses rêves est devenu un outil indispensable pour se connaître soi-même.

Le duel avec le père

Le rêve et l'histoire que vous vous apprêtez à lire nous ont été racontés par un homme de quarante ans, manager confirmé, dont nous avons décidé, par mesure de discrétion, de conserver l'anonymat ; nous l'appellerons donc Sylvain.

Sylvain est suivi en analyse parce qu'il souffre de troubles digestifs, il a toujours l'estomac retourné, et à présent il ne digère plus rien, pas même du riz blanc. Depuis plus d'un an, il est toujours tendu et nerveux, préoccupé du fait qu'il puisse arriver quelque chose à ses parents ou que son travail s'en aille à vau-l'eau : et pourtant il n'y a aucun

motif raisonnable qui puisse expliquer ces inquiétudes excessives. Même si son comportement n'est pas particulièrement dépressif, Sylvain est souvent agité : il a des tremblements, les mains froides, la bouche sèche. En outre, depuis quelque temps, il se sent la tête vide, il éprouve des difficultés à se concentrer et à se rappeler les choses, même celles toutes simples ou tout juste survenues. D'un point de vue clinique, aucun médecin n'a pu constater de trouble organique et les résultats des analyses sont assez bons pour susciter l'envie de ses amis, surtout ces « goinfres » qui doivent toujours lutter contre le cholestérol ou les triglycérides. Après une dizaine de visites médicales spécialisées, trois électrocardiogrammes, une scanographie, un électroencéphalogramme et même une résonance magnétique, évidemment toutes normales, il a songé à demander l'avis d'un psychanalyste qui, en l'occurrence, est également un médecin psychiatre.

Le seuil de la porte du cabinet franchi, vêtu comme d'habitude d'une veste et d'un pantalon bleus, d'une cravate de même ton, de chaussures anglaises, il a serré la main du médecin d'un air décidé, de manière à paraître désinvolte, mais la paume froide et moite de sa main, le continuel battement de ses paupières et le désagréable trouble qui, quand il s'apprête à dire quelque chose d'important, ôte toute fluidité à son langage, comme si les mots restaient coincés dans sa gorge, l'ont trahi. Au sortir de cette première entrevue, Sylvain a décidé de commencer une analyse.

Dès les premières séances, un matériau très intéressant a émergé ; en particulier un rêve, qui a ouvert le champ à une nouvelle interprétation du style de vie du manager. Il l'a

ANIMA
D'après la psychologie analytique de Carl Gustav Jung, Anima et Animus représentent respectivement l'image intérieure d'une femme opérant dans le psychisme de l'homme et l'image de l'homme opérant dans celui de la femme. Anima est, par conséquent, une image fondamentale dans le psychisme de l'homme : elle en détermine les attitudes psychologiques féminines.
Mais Jung a également utilisé ce terme dans un second sens, plus général, pour désigner une partie plus intérieure et profonde de l'homme, en l'opposant à la Personne : le masque que chacun de nous endosse pour se confronter avec le monde. Anima, donc, est aussi une fonction psychique qui agit à l'intérieur de l'inconscient, mettant en relation le Moi avec l'inconscient, l'individu avec le sens de son destin. De temps en temps, représentée par des figures appartenant à l'imaginaire collectif : Aphrodite, Athéna, Hélène de Troie, nous rencontrons l'Anima dans nos rêves comme une composante personnifiée du psychisme, qui nous met en rapport avec le sens de notre vie. Un complet épanouissement de notre individualité demande en effet l'intégration de nos caractéristiques sexuelles opposées. Il incombe donc à l'Anima le devoir de mettre en contact

formulé ainsi : « Je vois un adolescent, vêtu d'une tunique blanche avec une croix rouge sur la poitrine. Il est à cheval, armé d'une épée et d'une lance, comme pour un tournoi médiéval. Il est jeune, blond et beau, et il s'élance contre un chevalier noir. Lors de la collision, le jeune a le dessous et tombe. Au moment où le chevalier noir va le transpercer,

l'homme avec ses émotions, ses sentiments, sa créativité. L'Anima est responsable des traits féminins présents dans chaque personne de sexe masculin. Ainsi l'homme, lorsqu'il choisit une compagne, s'efforce souvent de trouver cette femme qui incarne les caractéristiques de sa propre féminité inconsciente : sur laquelle il peut projeter son Anima.
Un homme peut alors se rendre compte de ses caractéristiques féminines projetées sur sa compagne, qui, dans ce cas, fait office de miroir.
La situation est bien différente lorsque l'Anima, servant d'intermédiaire avec l'inconscient, favorise la projection de l'Ombre (tout ce qui n'est pas accepté par notre conscience) ; dans ce cas, nous verrons dans notre partenaire ce que nous craignons ou ce que nous méprisons le plus chez nous-mêmes.
Une totale identification avec l'Anima peut avoir, au contraire, des effets dévastateurs sur la personnalité d'un individu, le poussant à rechercher des partenaires de même sexe, et mettant en évidence en lui les aspects les plus exacerbés du sexe opposé. Sa personnalité se transforme jusqu'à représenter une caricature de toutes les carences supposées du sexe opposé : l'inconstance,

il voit qu'il a le visage de son père, mais une femme, jeune et belle, descend dans l'arène et, par sa seule présence, empêche le massacre. Les gens dans les gradins ont jusqu'à présent assisté à la scène sans réagir. Mais maintenant, ils sont tous agités et une mêlée éclate, impliquant tout le village. »

Avez-vous compris le sens de ce rêve ? Pour le décoder, il est indispensable de connaître la valeur des symboles qu'il contient : le cheval, la croix rouge, la femme sur les gradins. Si vous les connaissez déjà, poursuivez votre lecture du texte ; sinon confrontez votre opinion et vos associations d'idées (que vous inspire une croix rouge ? un cheval ? une femme jeune et belle qui vous sauve la vie ?) avec celles des encadrés ▲■●.

Un adolescent à cheval, avec une croix rouge sur la poitrine, est en train de combattre contre son père. Ce thème reflète **le complexe d'Œdipe** qui, selon les enseignements de la psychologie analytique, nous offre une représentation du monde psychique du rêveur. Le père de Sylvain était un amiral de marine réputé, qui passait son temps loin de chez lui, entre un port et un autre. Un père absent, diraient les psychologues, un père important à imiter, une image inaccessible, un modèle inégalable pour Sylvain, qui a passé une grande partie de sa vie à tenter de devenir plus « important » que lui, poussé dans cette voie par une mère anxieuse et possessive. Dans cette lutte se sont consommées les plus belles années de sa vie ; il a perdu de vue tout le reste, oubliant ce dont il avait vraiment besoin : l'odeur de la mer qui l'avait

la paresse, l'irrationalité, la faiblesse émotive, la fragilité sentimentale, l'instabilité d'humeur. Mais les hommes, comme eut à dire ironiquement Jung, semblent prêts à accueillir l'Anima seulement lorsqu'elle apparaît dans un roman ou sous les traits d'une actrice de film ! Le problème est bien différent lorsqu'ils doivent accepter le rôle de celle-ci dans leur vie...

COMPLEXE D'ŒDIPE

Pour avoir résolu l'énigme du Sphinx, Œdipe accède à un rôle exceptionnel, qui le place définitivement au-dessus des hommes, quels qu'ils soient ; il est ensuite exclu de l'assemblée humaine et réduit à néant, après avoir commis à son insu le parricide et l'inceste.

Il a tué son père et épousé sa mère. Il est devenu à la fois le père et le frère de ses propres enfants... Sa faute, inexpiable, est donc d'avoir endossé en même temps les trois grands rôles d'une vie d'homme, qui doivent rester distincts pour ne pas menacer l'ordre et la continuité de l'espèce humaine.

Freud découvre le complexe d'Œdipe au cours de son autoanalyse quand il se rend compte du

▲

Rêvez-vous souvent de chevaucher un cheval ? De quelle couleur est votre monture ? Vous désarçonne-t-elle, ou en êtes-vous le maître ?

Une croyance, qui semble être présente dans la culture de tous les peuples, fait surgir le cheval du monde des ténèbres. Pour la psychanalyse, il s'agit donc d'un symbole du monde psychique inconscient, qui en représente la force et l'impétuosité. Paré d'une robe blanche qui nous rappelle la tunique blanche du cavalier dans le rêve, il cesse d'être un symbole lunaire pour devenir une image solaire, appartenant au monde des héros et qui représente la capacité de maîtriser et de contrôler nos instincts. Le cheval est aussi un « véhicule » : la barque de notre destin ; c'est pour cela que le cavalier et sa monture deviennent inséparables, en intégrant entre eux deux un rapport de dépendance réciproque qui représente, en termes psychologiques, la dialectique entre le Moi et l'inconscient. Le jour, c'est le cavalier qui dirige sa monture. La nuit, quand le monde des ténèbres prend le dessus, c'est cette dernière qui devient guide et voyante, car elle seule peut s'orienter dans un monde inaccessible à la raison. Si, entre les deux, surgissait un conflit – les psychologues parleraient d'un conflit entre le Moi et l'inconscient – la chevauchée pourrait mener à la folie. S'il existe un parfait accord, le parcours devient triomphal. Dans le rêve de Sylvain, le cavalier tombe de cheval, c'est-à-dire qu'il perd le contact avec les forces primitives de son monde inconscient. Désarçonné, il ne peut plus puiser l'eau de la source de l'inconscient, il se retrouve donc sans guide et sans énergie.

profond amour qu'il éprouve pour sa mère, et de la jalousie qu'il ressent à l'égard de son père : une découverte déterminante pour l'avenir de la doctrine psychanalytique qu'il communique à son ami Fliess dans une lettre du 15 octobre 1897 de la manière suivante : « [...] on comprend l'intérêt palpitant que suscite Œdipe [...]. Le mythe grec se réfère à une contrainte que chacun reconnaît pour en avoir personnellement senti la réalité. »

Dans un sens « positif », le complexe d'Œdipe se présente comme le désir de la mort du rival de même sexe (le père) et le désir sexuel pour la personne de sexe opposé affectivement liée à lui (la mère). Dans sa forme négative, il se présente exactement renversé : amour pour le parent du même sexe et haine, due à la jalousie, pour le parent du sexe opposé. Les deux formes, en réalité, sont toujours présentes, à des degrés divers, dans l'expression complète du complexe, qui atteint son apogée entre les trois et les cinq premières années, durant la phase phallique (troisième phase du développement psychique de la libido sexuelle, précédée des phases orale et anale et suivie de la phase génitale).

Son déclin commence avec l'entrée dans la période de latence : la période comprise entre la

accompagné durant toute son enfance, l'affection des amis qu'il avait abandonnés (dont un, suicidé), le désir d'aimer une femme et d'avoir des enfants. Toutes ces choses, Sylvain les avait oubliées, acharné comme il l'était à lutter contre son père. Une lutte qui l'avait transformé en un être aride, dénué de tout sentiment, complètement tendu vers un unique but : faire carrière, devenir plus que son père, se substituer à lui jusqu'à devenir le mari de sa mère. L'adolescent dans l'arène n'est autre que le rêveur lui-même.

Au comble de la lutte, il chute de cheval, reconnaît son père, va être tué, mais une femme intervient pour le sauver. Ce personnage représente ce qu'il a perdu : la capacité d'aimer, de sentir, de se souvenir, de s'enthousiasmer, de comprendre, de jouir : son **âme.** Ce n'est pas anodin si Sylvain s'est senti tellement mal lorsqu'il a atteint le sommet de sa carrière : ce n'est qu'à ce moment qu'il s'est aperçu de tout ce qu'il avait perdu. Mais maintenant les gradins s'animent, les gens du village, qui représentent la sensibilité du rêveur, jusqu'à présent restée en sommeil, participent avec émotion à ce qui se passe dans l'arène, se disputent, s'affrontent : en d'autres termes, ils rentrent dans le « jeu ». À la fin, le chevalier noir aura le dessous ; il ne sera pas nécessaire de le tuer, il suffira de comprendre combien la lutte est inutile et autodestructrice.

En termes psychologiques, on devrait dire que Sylvain est le produit d'un père absent – en effet, on sait que, dans une telle situation, les influences néfastes du père archétypique, bien plus cruel, renfrogné, archaïque que le père réel, se font sentir – et d'une mère possessive qui l'a toujours considéré comme sa propriété. Tombé dans ce piège, aveuglé, mutilé dans sa personnalité, il a perdu tout contact avec les valeurs de l'âme et les exigences du corps. C'est en effet ce dernier qui proteste de la manière la plus évidente,

cinquième et la sixième année et le début de la puberté, durant laquelle on assiste à un arrêt du développement sexuel, avec une désexualisation des rapports et l'apparition des sentiments de pudeur et de réserve, desquels naîtront, par la suite, les tendances esthétiques et les valeurs morales.
Une fois la puberté arrivée, on assiste à une résurgence du complexe. Le développement de la structure de la personnalité, que chacun de nous parvient à montrer à l'âge adulte, y compris l'orientation de nos désirs sexuels, dépendra, d'après Freud, du dépassement plus ou moins réussi de ce complexe.

SYMBOLES
D'après une définition célèbre de Jung, chaque symbole « [...] suppose toujours que l'expression choisie est la meilleure indication ou formulation possible d'un fait donné relativement inconnu, mais dont l'existence est reconnue ou considérée nécessaire ». Pour l'auteur, les contenus de la conscience qui donnent accès au monde inconscient ne sont pas de véritables symboles, mais

Une croix rouge sur la poitrine ? Une tunique blanche ? Quelle est leur signification ?

La découverte, en Crète, d'une croix de marbre datant du XVe siècle avant Jésus-Christ, témoigne du fait qu'il s'agit d'un symbole très ancien qui, au cours des années, a revêtu de multiples significations, si bien que, parmi tous les symboles, c'est peut-être le plus universel. Dans la plupart des cas, la croix a une fonction de synthèse et de mesure, conjuguant avec ses branches le ciel et la terre, le temps et l'espace. Dans la tradition chrétienne, on lui attribue le mérite d'avoir vaincu le diable.

En restreignant le champ à notre rêve, on trouve un chevalier vêtu d'une tunique blanche et d'une croix rouge. Si le blanc nous renvoie à une image de pureté, le rouge de la croix exprime l'énergie, la force, l'agressivité. Un chevalier qui perd son habit blanc peut facilement se « transformer » en son opposé : un fauteur de guerre, un ennemi du genre humain, un barbare destructeur. D'autre part, un chevalier qui perd sa monture devient une proie facile pour ses ennemis. C'est ce qui arrive à notre rêveur qui, démonté, va être vaincu par le chevalier noir : une couleur, la sienne, qui va en établir la cruauté. La croix rouge, enfin, étant un symbole qui exprime la totalité, a pour fonction de nous rappeler combien de caractéristiques opposées sont nécessaires et doivent coexister dans l'éternelle ambivalence du monde symbolique afin que le chevalier ne se transforme pas en antihéros et ne soit pas détruit par le mal...

seulement des signes ou « symptômes » qui émergent de ce monde subliminal. Un vrai symbole, au contraire, susciterait une intuition, une idée, sans qu'il soit nécessaire de la formuler. On s'aperçoit de cela par exemple quand on observe attentivement une œuvre d'art et que l'on découvre que celle-ci nous transmet beaucoup plus qu'elle ne semblait nous l'indiquer de prime abord.

Le symbole s'exprime par des images, indique une fin, obéit aux lois de l'« énantiodromie » (le principe formulé par Héraclite selon lequel, tôt ou tard, chaque chose se transforme en son contraire).

Chaque symbole, provenant de l'inconscient, mène une activité compensatrice : l'activité de la conscience est compensée par un mouvement qui a pour origine l'inconscient. Le processus symbolique commence, pour nous tous, par la sensation d'être bloqués, enchaînés, enlisés ; intervient alors un symbole, dans nos rêves, nos pensées, notre imaginaire, qui illumine la nouvelle route.

En travaillant sur les symboles, en nous mettant en relation avec eux, nous pouvons donc reconnaître ces images fondamentales qui donnent un sens à notre vie.

se manifestant par la rage ou la déception, l'angoisse, les troubles physiques, les inquiétudes et l'embarras..., et qui a conduit un efficace manager à l'analyse !

C'est l'épilogue dramatique d'un processus qui aboutit à un grave trouble de la personnalité. Mais ce rêve indique une issue : accepter le besoin de changement, si impérieusement demandé, rétablir une communication entre conscient et inconscient, intégrer les exigences psychologiques du monde intérieur dans la vie consciente.

●

Une femme jeune et belle descend dans l'arène... Pourquoi justement une femme ? Et non un guerrier ? Un combattant fort et habile ?

Dans la partie centrale du rêve de Sylvain, une femme jeune et fascinante apparaît sur les gradins qui, jusqu'à présent, n'étaient occupés que par un public peu enclin à participer, ennuyé et distrait, malgré la brutalité et la violence du combat qui se déroule juste sous ses yeux. Dans un premier temps, ainsi que le rêveur l'avait vu apparaître sur les gradins, cette image éthérée de femme semble manifester des caractéristiques extatiques appartenant à la dimension spirituelle. Toutefois, au fur et à mesure qu'elle descend les marches, jusqu'à piétiner le sable de l'arène, elle revêt une dimension toujours plus matérielle, pour, à la fin, du seul fait de sa présence, bouleverser le destin de tous ceux qui participent à l'événement. Le chevalier blanc « gagnera » en fait la bataille sous les acclamations d'un public qui, soudain, participe et devient attentif. Mais sa victoire ne survient que, quand, fasciné par la jeune femme, il décide de mettre fin au duel depuis si longtemps engagé avec son père (le chevalier noir), réalisant à quel point il est vain et autodestructeur.

Vous êtes-vous demandé « Pourquoi est-ce justement une femme qui rend possible cette victoire ? » Et encore : « Pourquoi doit-elle être, comme dans le plus banal des stéréotypes, jeune, belle et fascinante ? » « Pourquoi n'est-ce pas un homme qui intervient, sans doute fort, décidé et fin bretteur, pour prêter main-forte au chevalier blanc ? »

Il y a une explication à tout cela, bien plus simple qu'il n'y paraît à première vue. La vie de Sylvain est totalement orientée d'après un modèle typiquement masculin. Son désir de faire carrière à tout prix, son besoin d'être premier en tout et sur tous, sa façon de vivre chaque journée comme un défi contre le monde, sont un comportement typique de la psychologie masculine. Pour « guérir », Sylvain doit corriger l'unilatéralité de cette position. Il doit donc intégrer, dans le cadre de sa propre personnalité, ces caractéristiques typiques du monde féminin qui actuellement restent en lui complètement muettes.

Une vie auprès de sa mère

Mauvaises mères. Insensibles, égoïstes. Qui ne savent pas aimer. Envahissantes et hyperprotectrices, rigides, dominatrices, castratrices, séduisantes et puritaines, capables d'insinuer chez leurs enfants les plus atroces sentiments de culpabilité ou de les tyranniser. Mères « martyres », repenties et affligées, en incessante demande d'amour, qui ne laissent pas leurs enfants en paix, les exploitent, les soumettent à leur humeur et en font des boucs émissaires, oscillant continuellement entre la haine et le péché. Plus ces mères sont autoritaires et exclusives, et moins leurs enfants seront capables, même adultes, de se séparer d'elles.

À ce propos, on peut citer comme exemple un cas clinique, rapporté par le psychanalyste Auguste Romain : un homme de trente-six ans, d'aspect distingué et d'éducation courtoise, mais curieusement détaché de la réalité, qui souffre de nombreuses allergies et de troubles abdominaux très douloureux. « J'ai un chien qui me mord dans le ventre », dira-t-il à son thérapeute. Son père, qui n'a jamais travaillé, a, dans sa jeunesse, été en prison pour des raisons que « Jean », le patient, ignore. De celui-ci, il se rappelle qu'il n'était jamais à la maison, il n'y rentrait que pour manger ou dormir. Il se souvient aussi la fois où sa mère destina une somme d'argent, difficilement amassée, pour lui acheter une paire de souliers ; son père se l'appropria et en fit un tout autre usage : il s'acheta une ceinture. Souvent il n'y avait pas assez à manger chez eux. Un jour, sa mère rentra à la maison avec une seule miche de pain pour unique repas, son père se servit plus de la moitié et le reste fut divisé en quatre. Aujourd'hui, même s'il s'est écoulé plus de vingt ans depuis sa mort, Jean continue de le haïr férocement, au point qu'il ne veut même pas savoir où il a été enterré.

Sa mère devait subvenir à tout, aux besoins matériels, spirituels et psychologiques. Une femme forte et hyperactive, peu fémini-

ne, si complètement dépourvue d'affection que Jean ne se rappelle pas avoir jamais reçu une caresse ou un baiser. Une femme qui méprisait son mari et poussait ses enfants à en faire autant. Cette mère, pour le meilleur comme pour le pire, choisit Jean comme fils préféré, projetant sur lui son propre besoin d'affirmation sociale.

À dix ans, Jean subit un premier abandon. Sa mère déménagea pour Messine, partant avec son mari et sa plus jeune fille pendant que l'on envoyait la seconde chez un oncle ; Jean et son frère furent abandonnés à eux-mêmes et aux bons soins des proches. De cette période, il garde comme principal souvenir les moments où, se sentant désespéré, il frappait à la porte de ses grands-parents et que ceux-ci feignaient de ne pas être là ou de ne pas entendre. Après quelques mois, probablement parce que trop embarrassants, lui et son frère furent mis dans un train... qui avait pour destination, Messine.

Jean se souvient aussi de la profonde déception éprouvée le jour où il fut absent de l'école et où le maître ne lui avait pas réservé un petit carré de chocolat exceptionnellement distribué à tous les élèves. Arrivé à l'âge adulte, il ne mange ni sucreries, ni glaces, et les pâtisseries le dégoûtent. « C'est sans doute parce que, enfant, je les désirais tellement et que je ne les ai jamais eues, que j'y ai renoncé pour toujours. »

COMPLEXE MATERNEL
Entre les années 1904 et 1911, Jung termina ses expériences sur les associations verbales. La méthode est simple : Jung invite un certain nombre de personnes à répondre, par la première chose qui leur vient à l'esprit, à une grande quantité de mots. Mesurant les temps de réactions, il observe un lien significatif, qui se manifeste par un retard ou un blocage dans la réponse, entre quelques mots particulièrement prégnants pour les sujets soumis à l'expérience et leurs problèmes psychologiques. Il en déduira que ce sont justement ces paroles qui vont « toucher » au complexe, c'est-à-dire « de simples représentations liées entre elles d'après les différentes lois de l'association (ressemblances, coexistence, etc.), sélectionnées et regroupées en un ensemble plus grand par une affection ». Cette expérience lui permit d'identifier le concept du complexe, où « un seul mot, un geste qui a atteint la blessure, révèle le comportement aux aguets sur le fond de l'âme ».
Dans Les Études sur l'hystérie, *parues en 1895, Breuer utilise pour la première fois le terme « complexe », dont la plupart des psychanalystes, y compris Freud, reconnurent la paternité à l'école psychanalytique de Zurich, pour laquelle Bleuer mais aussi Jung œuvraient. Ce terme a*

Puis vinrent les problèmes scolaires : il fut exclu d'un collège de Rome pour sa conduite inacceptable. Enfin accueilli dans une pension, il fit preuve d'une excellente capacité intellectuelle qui lui permit de s'inscrire au lycée et, à vingt ans, d'accéder à la faculté de sciences où il continua ses études tout en travaillant comme serveur. Mais là aussi, rapidement, arrivèrent les premières difficultés. Il ne réussissait pas à suivre les cours ; en quelques mois apparurent les premiers signes de la névrose : il était toujours fatigué, souffrait d'impuissance, sa personnalité se transformait, et finalement il décida d'informer sa mère de sa décision d'arrêter ses études.

Elle s'opposa fortement à ce choix. Elle le provoqua, le mortifia, l'insulta, le traita comme un débile. Elle l'obligea pratiquement à quitter une fille avec qui il avait réussi à instaurer un timide rapport affectif. Par la suite, Jean décidera d'espacer ses rapports avec son amie ; mais il découvre, dans les pages d'un

★

REVOILÀ DE NOUVEAU CETTE DÉSAGRÉABLE SENSATION DE NŒUD DANS LA GORGE ! VOUS EMPÊCHE-T-ELLE DE PARLER ? AVEZ-VOUS DES DIFFICULTÉS À RESPIRER ?

Les auteurs latins l'appelaient « globus hystericus », *ceux de la langue anglo-saxonne* « histerical globe ».
Il s'agit d'une désagréable sensation qui vous prend la gorge, dans les moments de stress intense, rendant difficile la respiration, qui peut devenir rauque et haletante. Parfois, elle s'accompagne de râles et de sifflements. On peut la décrire comme une crampe douloureuse, ou bien comme un corps étranger coincé dans le pharynx. Il ne s'agit pas d'un trouble organique de type ORL, mais de la somatisation

trouvé bonne presse dans le langage courant ; il suffit de penser à l'utilisation de quelques expressions comme : « j'ai un complexe », « je souffre d'un complexe d'infériorité », « je suis complexé », « je me bats contre mon complexe », etc. Toutefois, quelques écoles en adoptent un usage restrictif, le réservant pour indiquer seulement le « complexe d'Œdipe » et ses dérivés : comme le complexe de castration et le complexe paternel (école freudienne) ou le complexe d'infériorité (école adlérienne).
Ce concept a, en tout cas, permis à Freud, de soutenir, également d'un point de vue empirique, sa théorie sur l'inconscient, et à Jung de réfuter une conception monolithique de la personnalité, en affirmant que les complexes se comportent comme « des fragments psychiques » ou des « êtres autonomes ». De cette manière, un complexe qui prendrait le dessus sur la totalité du psychisme pourrait conditionner l'histoire individuelle d'une personne, le développement de sa conscience et de son Moi. Pour illustrer cela par un exemple, un individu fortement conditionné par un complexe maternel se trouvera lié à sa mère d'une manière telle qu'il ne pourra exprimer pleinement sa propre potentialité.

d'un état anxieux, souvent dû à la présence de fortes tendances agressives. La psychanalyse l'associe à la coprésence ambivalente d'un désir et d'un refus d'incorporation (le processus par lequel un sujet, lors d'un fantasme, fait pénétrer et conserve un objet de la réalité extérieure en lui-même).
Il y a trois significations à l'incorporation : se faire plaisir, en faisant pénétrer un objet en soi ; détruire l'objet introduit, en l'assimilant ; en assumer la qualité.
Otto Fenichel, psychanalyste, soutient que, chez les femmes hystériques dont la sexualité serait réduite à un niveau oral, de tels symptômes représenteraient le désir inconscient d'une assimilation orale du pénis.

quotidien local, qu'elle se prostitue. Il en est fortement secoué. Il assume également cette faute et décide de se marier avec la première fille disponible. Chose qu'il fait scrupuleusement, se retrouvant par la suite lié à une femme infantile et en même temps rigide, dont il aura un fils qu'il ne ressentira jamais comme le sien.

Même marié, sa mère continue de le torturer. Quand sa femme est enceinte, elle lui souhaite la mort de l'enfant. Quand ils sont en famille, elle le compare à son père. Mais, pour

GRAND MÈRE
Mettant en scène les drames séculaires fondés sur les thèmes archétypiques, le mythe, en lui-même, devient une métaphore de l'œuvre psychique. Nous pouvons donc nous y reporter pour comprendre quelques thèmes de fond de la psychologie collective.
Dans un mythe très répandu en Méditerranée, avant la naissance des dieux célestes, la Grand Mère était symboliquement représentée par un vase plein : ventre et mamelles formaient un ensemble solidaire ; la tête, privée de visage, reposait au centre du corps ; les cuisses gigantesques reposaient sur des jambes trop fines pour pouvoir les supporter, tandis que les pieds, si frêles qu'ils semblaient disproportionnés, ne pouvaient certainement pas supporter le poids de cet énorme corps en forme de vase. De même que les pieds, les bras, à peine ébauchés, étaient trop rudimentaires pour pouvoir garantir une quelconque forme de mouvement ou d'action. Le manque d'agilité faisait donc assumer à la Grand Mère une position assise.
C'est pourquoi, le nom de la plus célèbre des déesses des cultes primitifs est Iside, c'est-à-dire « le Siège ». Le roi qui en prenait possession devait, par conséquent, s'asseoir en son sein. De ce fait,

elle aussi, arrive l'heure de la mort qui survient après une agonie caractérisée par de fortes douleurs abdominales. Jean est à présent découragé, dépressif, apathique. Une très désagréable sensation de nœud dans la gorge tourmente ses journées (voir encadré*). Tout lui semble hostile, il vit étouffé par son passé. Il hait le monde qui l'entoure. Il a décidé « de ne plus jamais se faire avoir par les sentiments ». Il décidera d'aller en analyse « pour voir », il veut juste comprendre.

Nous rapportons ici, tirés des notes d'Auguste Romain, quelques fragments du premier rêve que Jean a raconté en analyse : « J'observais des araignées grandes comme la main, qui oscillaient dans des cocons [...] fixés par une extrémité aux arbres. Dans chacun d'entre eux, il y avait une ou plusieurs araignées. J'en observais attentivement le comportement [...]. À un moment, un groupe d'araignées se détacha des arbres : les cocons dans lesquels étaient les araignées s'ouvrirent et prirent la forme de toiles d'araignées. Celles-ci s'unirent entre elles jusqu'à n'en former plus qu'une très grande (presque quarante mètres carrés), suspendue dans l'air, à environ quatre mètres du sol, à laquelle les araignées étaient accrochées à égale distance les unes des autres. L'instant d'après arriva un oiseau énorme, avec des ailes immenses, qui se posa avec force sur la toile jusqu'à la faire ployer. Je me sentis recouvert par la toile, mais cela ne m'occasionna aucune appréhension. Je me libérai rapidement de la toile et avançai vers l'oiseau ; quelqu'un à cet instant prit une araignée et fit semblant de la jeter sur moi. Je m'approchai alors de l'oiseau : celui-ci était devenu tout petit, plus petit que l'araignée (pourtant aussi grande qu'une main aux doigts écartés) ; il n'avait plus d'ailes, il lui manquait la partie supérieure du tronc, les parois internes de son corps étaient lisses, dedans il y avait un liquide (on aurait dit de l'eau) légèrement rouge. Je notai comment cet

cela devient évidemment une référence au symbolisme du vase qui, comme le sein maternel, accueille la semence de la vie. L'archétype de la Grand Mère conditionne donc le rapport entre mère et fils ; dans le sens où ce dernier distingue dans sa véritable mère tous les attributs, positifs et négatifs, de la mère archétypique, dont les caractéristiques sont, selon Jung, « l'autorité magique du féminin, la sagesse et l'élévation spirituelle qui transcende les limites de l'intellect ; ce qui est bienveillant, protecteur, tolérant ; ce qui favorise la croissance, la fécondité, la nutrition ; les lieux de la transformation, de la renaissance ; l'instinct ou l'impulsion secourable ; ce qui est secret, occulte, ténébreux ; l'abysse, le monde des morts ; ce qui dévore, séduit, intoxique ; ce qui génère l'angoisse, l'inéluctable » : caractéristiques dépositaires de l'éternelle ambivalence de l'archétype maternel, dont les pôles extrêmes vont de la « mère amoureuse » à la « mère terrifiante ».

De nos jours, l'archétype de la Terre, mère bienveillante et malveillante à la fois, apparaît d'un côté comme une image positive, qui dispense vie, nourriture et protection, et, de l'autre, met en évidence ses aspects négatifs : l'avidité, la tendance à inhiber la volonté d'autonomie, à établir des interdits, la tentative d'engloutir, d'englober et d'enterrer toute chose.

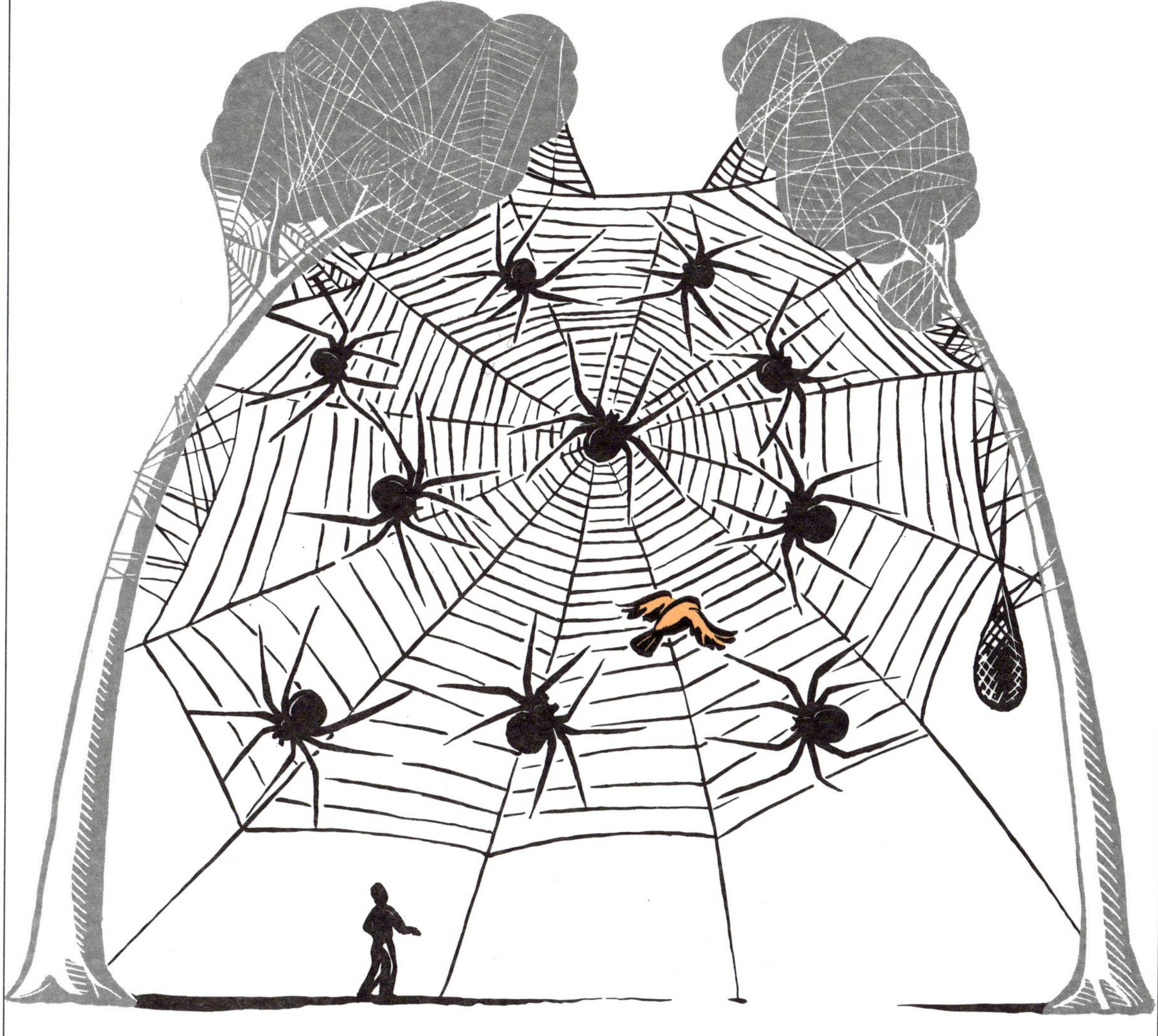

Cette ambivalence conditionne la formation d'un « imago » maternel qui semble contradictoire et fracturé, sans une séparation nette entre ce qui est bon et ce qui est mauvais ; la mère a, pour son fils, depuis l'origine, une valeur typiquement symbolique. Il existe une forte propension à idéaliser cette image : pour soulager une peur, pour chasser une crainte, pour éliminer l'incertitude.
Ainsi, il peut arriver que le processus de croissance d'un individu se bloque, juste au moment où la nécessité de se différencier de la mère entre en conflit avec l'urobore maternel.

INCESTE UROBORIQUE
Urobore est le serpent qui se mange la queue. De cette façon, il se mange, se dévore et se tue lui-même. Ce symbole de l'Égypte ancienne tend à représenter universellement un cycle évolutif fermé et achevé en lui-même : le mouvement, la continuité, la fécondation, l'éternel retour. D'après Erich Neumann, et d'autres psychanalystes, l'Urobore est une métaphore de l'état initial du développement de la personnalité de l'enfant : l'instinct de vie et de mort n'est pas encore

oiseau, que j'avais vu si énorme et puissant, s'était transformé en une espèce de passereau sans ailes et sans tête, avec un corps presque entièrement vidé. Il semblait inerte, et pourtant il avait un reste de vie végétative. À l'extérieur de son corps, dépassait une sorte de sangsue qui suçait le sang de l'araignée sur laquelle l'oiseau s'était posé. Je détachai plusieurs fois la sangsue pour chercher à comprendre dans quel but elle y restait attachée. Je me rendis compte ainsi que l'oiseau était en train de sucer le sang de l'araignée ; c'était pour moi une scène très pénible [...]. En regardant à nouveau dans le corps de l'oiseau, j'y remarquai un foie sanguinolent de forme allongée, dont les bords semblaient taillés dans le sens de la longueur. Il se déplaçait et sortait du corps de l'oiseau : je le remettais dedans en le poussant avec les mains tout en inclinant son corps, mais il devenait toujours plus long, et, malgré tous mes efforts, il continuait à dépasser du tronc de l'oiseau. La scène devenait de plus en plus dégoûtante et là je me réveillais d'un coup. »

Selon les conclusions du psychanalyste, Jean a tiré d'importants avantages de l'analyse : il est plus proche de la réalité et ne se sent plus persécuté ; il a évacué les côtés négatifs de sa mère, qu'il n'osait pas voir auparavant, et trouvé un nouvel emploi.

Il n'est jamais simple d'évaluer quel sera le résultat du parcours analytique. Dans ce cas précis, en ce qui concerne le complexe de Jean, on peut dire que l'analyse a servi à rompre les chaînes qui le tenaient soumis à sa mère, en un état immature, infantile, très en dessous de ses réelles capacités physiques et psychologiques.

Il a surtout été aidé par ses rêves, dont l'interprétation a développé un élargissement de sa personnalité. Dès le premier rêve, il était déjà possible de dépister quelques problématiques fondamentales...

Si vous n'avez pas réussi à les dépister par vous-même, lisez les encadrés ▲■●.

bien délimité, ainsi que l'amour et l'agressivité. Il n'y a pas de distinction nette, comme le souligne le symbole lui-même, entre la mère qui nourrit et l'enfant qui se nourrit d'elle. L'Urobore évoque cet état original qui comprend, à la fois, la potentialité créative et la passivité totale. De ce stade enfantin, l'enfant devra s'émanciper, en affrontant les phases successives du développement psychique, qui culmine avec l'affirmation du monde patriarcal sur le matriarcal.

En attente d'Oreste, héros solaire, symbole de l'affirmation des valeurs patriarcales et de la suprématie du monde rationnel sur l'irrationnel, de la prédominance du Logos sur l'Éros, l'enfant est prisonnier du matriarcat, symbolisé par la Grand Mère.

En conclusion, c'est ce vécu négatif du monde féminin qui explique l'aridité sentimentale et l'incapacité de grandir manifestée par un individu, incapable d'une ascension spirituelle et d'une critique de sa conscience. Il vit de façon extrêmement perméable les influences de l'inconscient, dans une incroyable confusion par laquelle l'objet et le sujet arrivent à se pénétrer. Si cette différenciation n'est pas réalisée, il ne peut exister de véritable « vie consciente ». Selon Jung : « C'est

▲
Aimez-vous les araignées ?
Ou vous impressionnent-elles ?
En rêvez-vous souvent ?

Dans les rêves, l'apparition de l'araignée peut avoir différentes significations. Elle représente le centre de l'énergie psychique, ou elle peut provoquer le dégoût, parce qu'elle enveloppe, trompe et capture ses proies. Partir des associations individuelles pour interpréter les rêves est toujours une bonne règle. Pour Jean, les araignées provoquent le dégoût. Il est touché par leur force et l'ardeur avec laquelle elles renouvellent leur toile lacérée. C'est avant tout cette fonction d'efficace et infatigable tisseuse qui l'impressionne. La toile d'araignée ordonne et possède l'espace qu'elle occupe. Elle piège, immobilise, étouffe et finalement tue celui qui se débat dans sa frêle et mortelle trame. Déjà ce mot, dans sa signification négative de « tramer » – quelque chose contre quelqu'un –, devrait nous mettre sur nos gardes. La symbolique de l'araignée est celle de la Grand Mère. Le rapport tant convoité avec la mère qui nourrit, se consume dans l'enlacement mortel avec une mère terrifiante, terrible, dévoreuse, qui se nourrit de sang et de mort. C'est la énième répétition du mythe œdipien : Œdipe est pris au piège par l'enlacement mortifiant et affaiblissant de la Grand Mère, dans lequel, épuisé, il s'abandonne. Il ne s'agit pas seulement d'un événement incestueux, mais aussi d'une régression au stade infantile, caractérisé par le retour dans le tranquille et chaud giron maternel de l'inceste uroborique.

ce principe fondamental du Logos qui lutte éternellement pour se libérer de la chaleur et de l'obscurité primaire du sein maternel, de l'inconscience. »

SOMATISATION
Par ce terme, on indique quelques troubles qui remontent à une origine psychologique, mais où il n'est pas possible de relever à leurs bases une lésion anatomique ou un défaut fonctionnel.
Selon Freud, la symptomatologie psychosomatique naît du conflit entre une pulsion, qui tend à la satisfaction d'un désir, et les instances défensives, qui tendent à sa répression. Le symptôme qui en résulte donc est significatif. Il serait possible de distinguer, avec suffisamment de clarté, la satisfaction déformée et partiale de la pulsion originale, ou l'exigence de son refoulement.
D'après Georg Groddeck, adepte de Freud, toute somatisation est le fruit d'un processus défensif, dans lequel finit par se réfugier celui qui doit se défendre d'un monde extérieur qui l'humilie ou lui demande trop. Une hypothétique histoire qui tiendrait compte de toutes nos somatisations

■

Combien de fois apparaissent les arbres dans vos rêves ? Quelle sorte d'arbres est-ce ? Quelle signification ont-ils ?

L'arbre est un thème symbolique très riche et répandu qui mériterait, pour sa seule bibliographie, un livre entier. Les interprétations de sa signification symbolique semblent toutes, en tout cas, se tourner vers l'idée d'un « cosmos » vivant en continuelle régénération. Mais l'arbre de vie contient également en lui l'arbre de mort.

Ainsi, en ce qui concerne l'arbre de vie, la psychanalyse l'associe à la source, à l'eau vitale, à la mère : en soulignant l'ambivalence d'une force qui est, à la fois, capable de grandir et de nourrir ou bien d'assimiler, de dévorer, de détruire.

Le motif de l'entrecroisement des branches, de l'absorption par les racines et de l'expulsion par le feuillage semble être également maternel : comme les monstres de tant de mythes qui crachent, défigurent leurs victimes après les avoir englouties, comme le dragon qui vomit Jason devant Athènes.

Dans le rêve de Jean, les araignées restent dans des cocons, pendus aux branches des arbres, dont ils sucent la sève vitale. Si nous pensons à l'arbre dans son sens de mère positive, on s'aperçoit d'une opposition vraiment intéressante. L'araignée, symbole de la mère négative, extrait son énergie de l'arbre, symbole de la mère positive. Cela semble indiquer qu'une même source d'énergie alimente ces opposés : sa capacité génératrice coïncide avec la force destructrice ; comme une mère qui s'arroge le droit de diriger, en tout et pour tout, la vie de son fils, par le seul fait qu'elle l'a mis au monde.

viendrait donc en souligner un parcours symbolique, dans lequel il serait possible de distinguer les difficultés que chacun de nous a rencontrées au cours de son existence.

Dans les somatisations, la « tension anxieuse » se décharge dans le corps, d'abord à travers les mécanismes corrélatifs et intégratifs de l'encéphale, puis à travers les voies périphériques du système nerveux et végétatif. Les malades qui « somatisent » présentent donc une symptomatologie relative à leurs conflits psychologiques, inhérente à la tentative de sauvegarder leur équilibre affectif : ils manifestent souvent une sorte de « cécité psychique » par rapport à ce qui lie les troubles somatiques aux souffrances psychologiques.

Quand la tension émotive ne réussit plus à s'évacuer – ce qui se produit normalement grâce à la parole et l'action –, le corps adopte une nouvelle façon de communiquer : le langage des organes. Ce langage se fonde sur la valeur symbolique de simples symptômes. Un patient qui a des difficultés pour déglutir, en l'absence de tout trouble organique, peut vouloir communiquer que dans sa situation émotive – il y a quelque chose qu'il ne réussit vraiment pas à « faire passer », en d'autres termes « formuler ». Un patient qui souffre de nausées peut vouloir exprimer la difficul-

●

***De quel genre d'oiseaux rêvez-vous ?
Sont-ils aigles ou moineaux ?
Quelle est leur signification ?***

Dans le rêve de Jean, le grand oiseau s'oppose à l'araignée. C'est le symbole d'un individu, occupé par une recherche initiatique : un symbole de la verticalité, de la capacité à « voler de ses propres ailes ». Ce n'est pas anodin, si Jean associe à cela – en se référant à une métaphore sexuelle répandue – l'idée de virilité, de liberté. C'est l'oiseau décapité, d'où s'échappe le foie, qui lui fait venir à l'esprit « quelque chose qui perd son âme ». D'ailleurs, il dira plusieurs fois, au cours des séances , « je me suis rongé le foie », en faisant allusion à un état dépressif qui lui ôte toute énergie.

Toujours dans le rêve, une phase de quiétude relative (pendant que les cocons ondulent, pendus aux arbres ; le poids négatif de la mère ne s'est pas encore pleinement exprimé) est suivie d'un bouleversement émotionnel néfaste (une grande toile d'araignée obscurcit le ciel).

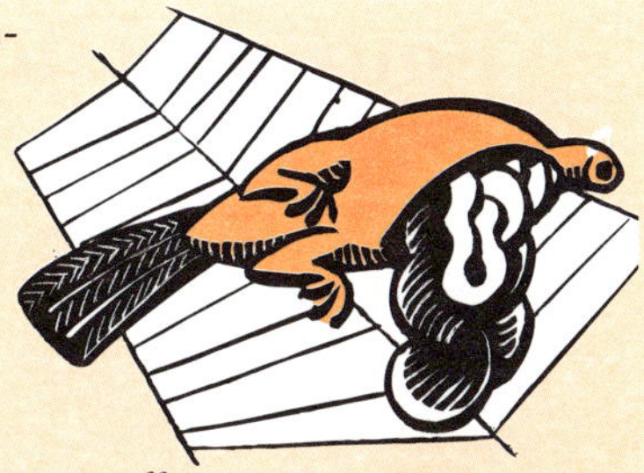

Le conflit prend forme lorsque Jean veut affirmer ses propres droits, en cherchant à se soustraire à l'emprise d'une mère castratrice et hyperprotectrice, mais la tentative n'aboutit pas. La toile d'araignée ploie jusqu'à piéger le grand oiseau qui se transforme en moineau.

En d'autres termes, Jean s'infantilise. Il régresse, son énergie est absorbée par sa mère. Réduit à un moineau exsangue (le sang, symbole d'énergie, de force, de vitalité, est devenu de l'eau), Jean est en proie au complexe maternel, qui l'a empêché de développer sa propre individualité. Cela s'est produit au moment où sonenvie de grandir, illustrée par l'oiseau, s'est confrontée à l'excessif attachement de sa mère, qui a empêché toute régénération vitale.

té qu'il a à « digérer » une certaine situation. Par cette voie symbolique ou sur ces bases physiologiques, se révèlent des symptomatiques extrêmement variées. Parmi celles-ci, pour en citer seulement quelques-unes, on trouve très souvent des troubles liés à l'appareil gastrique : ulcères, colites, gastrites ; des troubles de l'appareil cardio-vasculaire : cardiopathie, hypertension artérielle ; des troubles dermatologiques : rougissement et irritations de la peau, dermatite, alopécie ; des troubles de l'appareil respiratoire, où prédomine depuis longtemps l'asthme.

Certains auteurs ont soutenu que les patients qui montrent cette aptitude à somatiser leur état d'anxiété ont une structure de la personnalité de type alexitimique : c'est-à-dire qu'ils sont incapables de vivre leurs conflits au niveau psychologique, comme si, privés de toute épaisseur psychique, ils traduisaient immédiatement leur affection et leurs émotions au niveau physique.

Quand, par la suite, ces malades, dont on a souvent noté l'incapacité verbale d'exprimer leurs émotions, ne réussissent plus à somatiser leurs conflits, le passage à de graves troubles psychiatriques, même de type psychotique (schizophrénique ou dépressif), est tout à fait possible.

Pourquoi de telles crises de panique ?

L'anamnèse du patient est la série de données déterminant son histoire et celle de ses proches ; associée à l'identification des symptômes que lui-même décrit en termes clairs et précis, elle permet au psychiatre d'établir un diagnostic. Mais il peut également être tenté de résoudre le problème de la façon la plus simpliste : une thérapie médicamenteuse adéquate.

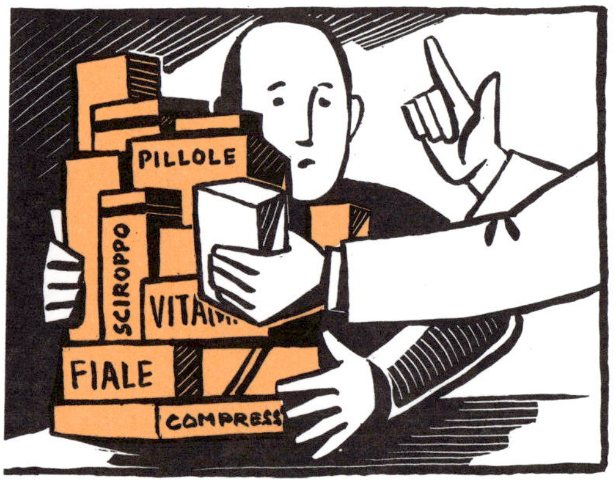

Dans le cas que nous vous soumettons, faire un diagnostic juste n'est pas chose difficile ; le lecteur qui voudrait s'essayer à cet art peut chercher lui-même à se substituer au médecin et, après avoir lu la description des symptômes que nous rapportons ici, choisir parmi les propositions présentées dans l'encadré ★ celle qui lui paraît la plus appropriée.

On sait que classifier, définir, classer est un travail qui rassure le thérapeute et, le plus souvent encore, le patient. Mais que savons-nous vraiment de cette personne ; si elle a une vie heureuse, si elle entretient de bonnes relations avec son conjoint et ses enfants, si elle a été la « chouchoute de Papa-Maman », si elle a résolu les problèmes que nous portons tous en nous depuis l'enfance ?...

« Alexandra », la patiente, est une jeune femme de trente ans, assez jolie, de tempérament mesuré, qui parle à voix basse, et qui s'habille tant et si bien qu'elle semble parfois sortir d'une gravure du XVIIIe siècle.

Mais par moments et de manière totalement incongrue, elle est soudain émotionnellement bouleversée ; ceci arrivant le plus souvent lorsqu'elle est en voiture, lorsqu'elle doit traverser un pont, quand elle est bloquée dans une queue à la banque, au cinéma, au supermarché, presque toujours dans des lieux fermés et bondés qu'elle cherche à éviter à tout prix. Parfois ces crises se succèdent rapidement, d'autres fois, elles l'épargnent pour quelque temps, un mois, ou plus, pour ensuite revenir sans aucun motif apparent et se développer à l'improviste, en augmentant considérablement d'intensité durant les dix premières minutes. Dans ces

moments, son cœur semble devenir fou, sa respiration est lasse, ses mains sont moites et tremblent, tout son corps est brûlant et secoué de frissons. Elle n'a qu'une idée en tête : la peur de mourir.

★

QUEL EST LE DIAGNOSTIC JUSTE ?

Ces dernières années, presque tous les psychiatres ont cherché à faire coïncider leurs bilans avec ceux proposés et désormais standardisés par les plus récents manuels statistico-diagnostics.
De cette façon, vous pouvez, vous aussi, vous essayer dans ce champ, en choisissant, parmi les solutions proposées, celle qui s'adapte le mieux au cas présenté dans le texte. Les trois solutions qui suivent représentent une version, en partie modifiée et extrêmement simplifiée, des catégories diagnostiquées proposées par les manuels internationalement connus sous le sigle DSM-III-R et ICD-10.

A) DÉPRESSION GRAVE

1. *Perte d'intérêt pour tout.*
2. *Ne se sent jamais bien, même lorsqu'il se passe quelque chose d'agréable.*
3. *Humeur dépressive, surtout le matin.*
4. *Il lui arrive souvent de se réveiller tôt le matin, anticipant la sonnerie du réveil.*
5. *On se dépêche et pourtant la pensée est plus lente que d'habitude.*
6. *Rapide et importante perte de poids.*

B) SCHIZOPHRÉNIE

1. *Des idées bizarres se manifestent, leur contenu est évidemment absurde et n'a aucune comparaison avec la réalité.*
2. *On se sent transformé et différent, on passe des heures devant un miroir.*
3. *On entend des voix, on voit des personnes, on sent des odeurs totalement inexistantes.*
4. *On est convaincu d'être poursuivi, épié, influencé par des forces maléfiques.*
5. *Incapacité d'éprouver de réelle affection pour les autres.*

C) ATTAQUE DE PANIQUE

1. *Une ou plusieurs attaques de panique, suivies de l'angoisse d'en être victimes de nouveau.*
2. *Dyspnée ou sentiment d'oppression.*
3. *Palpitations, tachycardie, sueurs, frissons, tremblements.*
4. *Peur de mourir, de devenir fou, de faire quelque chose d'incontrôlé.*
5. *Il ne peut être établi si c'est un facteur organique qui a amorcé ou maintenu le trouble.*

Si vous avez choisi cette dernière hypothèse, vous avez fait un bon travail. Le psychiatre d'Alexandra a, en effet, diagnostiqué : trouble dû à des attaques de panique.

Alexandra vit dans la terreur persistante que puissent se présenter de nouvelles crises. Pourtant elle ne boit pas outre mesure, elle ne fume pas, évite le café, se contrôle à table, consulte régulièrement son médecin traitant qui dit d'elle qu'elle est « complètement saine ».

Ne sachant plus quoi faire pour résoudre son problème, elle a décidé de tenter une analyse.

À l'analyste, elle a rapporté être très efficace dans son travail même si elle s'aperçoit qu'elle est moins productive qu'elle le pourrait. Elle lui a également parlé de ses « amours ». Bien que jeune et jolie, elle n'a pas d'enfant et n'est pas mariée. Elle poursuit une relation avec un homme, déjà lié à une autre femme dont il a eu deux enfants, plus âgé qu'elle et qui n'a pas l'intention de quitter sa famille. Comme elle l'a fait remarquer à l'analyste, il pèse sur son enfance la mort de sa mère, survenue lors de son adolescence. Elle est alors restée vivre avec son père, « abandonnée » dans une situation protégée et à son aise mais sans modèle féminin de référence. Le temps a passé ainsi, sans qu'elle prenne réellement en main son existence, comme un figurant qui arpenterait la scène de la vie sans s'impliquer.

Alexandra réussira-t-elle à sortir de cette situation d'incertitude qui se perpétue depuis des années ?

Voilà le rêve d'Alexandra ; alors qu'elle se trouve sur la rive d'un fleuve, elle voit venir de loin une immense vague qui menace de tout submerger. Près d'elle se trouvent une femme et un chat. Sur le fleuve, il y a un bac gouverné par un batelier qui leur crie : « Dépêchez-vous de monter à bord, car dans cinq minutes la vague arrivera et elle vous emportera ! » Alexandra ne sait que faire ; la femme près d'elle (qui représente une sœur qui n'existe pas dans la

INCONSCIENT
Si nous devions résumer toute l'œuvre de Freud par un seul terme, notre choix tomberait nécessairement sur le mot « inconscient ». Même s'il n'a certainement pas été le premier, d'un point de vue purement historique, à élaborer ce concept (parmi les philosophes, il suffit de se rappeler Leibniz, Schelling, Schopenhauer, ainsi que Kant), nous devons reconnaître à Freud le mérite d'avoir fait de l'inconscient le centre d'une nouvelle théorie : la doctrine psychanalytique. D'autre part, lui-même renonça sincèrement à la primauté de cette découverte, quand il écrivit : « Probablement peu d'hommes ont compris qu'admettre l'existence des processus psychiques inconscients signifie accomplir un pas lourd de conséquences pour la science et la vie. Dépêchons-nous quand même d'ajouter qu'un tel pas la psychanalyse ne l'a pas accompli la première. »
D'un point de vue descriptif, le terme « inconscient » est utilisé comme un adjectif, pour indiquer que ces processus psychiques ne peuvent être escortés que par la conscience de l'individu.
D'un point de vue topique, le terme désigne un des systèmes identifiés par Freud dans la première élaboration de sa théorie sur l'appareil psychique. D'après cette théorie, les processus de refoulement

nient aux contenus psychiques – qui résident, éloignés de la conscience, dans le Moi – l'accès au système préconscient-conscient.

Ces contenus appartiennent au monde des pulsions et sont réglés par des mécanismes spécifiques du processus primaire (le processus qui caractérise le fonctionnement du système inconscient) : la condensation (une unique représentation en soi résume les différentes chaînes d'association) et le déplacement (le transport de l'intensité et de l'intérêt nourri par une association à une autre et elle-même liée à un rapport associatif). Les contenus de l'inconscient tentent d'accéder au système préconscient-conscient, mais ne peuvent donc le faire qu'après avoir été soumis à l'autocensure.

Les années suivantes, Jung fit une distinction entre l'inconscient personnel et l'inconscient collectif. Si le premier est le réceptacle des refoulements, le second contient des thèmes archétypiques qui font partie du patrimoine génético-philosophique de l'espèce humaine et n'ont jamais appartenu au monde conscient. Ces thèmes universels apparaissent également dans les rêves, les mythes, les contes, le monde de l'imaginaire et les délires des patients psychotiques. C'est cette partie de l'inconscient, d'après Jung, qui mène à une action créative et thérapeutique, agissant au service de l'individu « malade ».

réalité) reste immobile, passive, inerte, elle ne fait ni ne dit rien. Elle ne sait pas non plus comment se comporter avec le chat qui se garde bien de se laisser attraper. Le batelier insiste, mais à la fin, voyant qu'elle ne se décide pas, s'en va mettre à l'abri les gens qui sont déjà dans la barque. Alexandra, à cet instant, commence à sentir l'an-

goisse l'envahir, elle est prise de peur concernant le sort de l'autre femme et du chat, mais en même temps, elle voit la vague arriver et ferme les yeux. La vague passe et il ne se passe rien ; l'angoisse se dissout, la peur disparaît. Cette fois aussi – se dit-elle pour elle-même dans le rêve –, j'ai réussi à ne pas prendre de décision...

Dans le rêve, Alexandra apparaît à la merci d'une femme/sœur et d'un chat (leurs valeurs symboliques, pour ceux qui ne les connaissent pas, sont expliquées dans les encadrés ▲ et ■).

Enfin parmi les nombreux auteurs qui se sont occupés des thèmes de l'inconscient, rappelons ici la pensée du psychanalyste Jacques Lacan. Selon lui, « l'inconscient a la structure du langage, et [...] en soi un matériau se déplace d'après des lois qui sont celles découvertes par l'étude des langues positives, c'est-à-dire les langues qui sont ou furent effectivement parlées ».
Justement parce que l'inconscient est un langage, une thérapie « de la parole », la psychanalyse est rendue nécessaire.

OMBRE
Entre les années 1938 et 1940, Jung fournit une définition claire du concept de l'Ombre. Un thème qu'il a lui-même déterminé, mis en évidence et étudié longuement les années précédentes. Durant cette période, l'auteur écrivit : « Chacun de nous est suivi par une Ombre, et moins celle-ci est intégrée dans la vie de l'individu, plus elle est noire et dense. [...] Mais l'Ombre représente seulement quelque chose d'inférieur, de primaire, d'inadapté, de maladroit et n'est pas le mal au sens absolu. Elle comprend entre autres des qualités inférieures, infantiles et primaires, qui, en un certain sens, rendraient

Ainsi, elle n'est pas capable de recevoir l'aide du batelier (la signification symbolique de cette image peut être également comprise en lisant l'encadré ●). La femme/sœur est l'**ombre** d'Alexandra, une de ses caractéristiques physiologiques : extrêmement passive, inerte, indécise, incapable de s'opposer à un destin néfaste.

Le chat représente sa partie plus instinctive et sentimentale qui voudrait prendre ce qui lui revient, mais qui se retire, au dernier moment, devant les difficultés et la nécessité de prendre des décisions. Il manifeste un désir d'indépendance et d'autonomie, mais il s'agit d'une indépendance « féline » circonspecte et constante, faite de longues attentes et de fuites éclatantes, qui se joue en superficie, sans jamais s'enfoncer réellement dans les difficultés et la complexité de la vie réelle. Ainsi Alexandra, qui n'est autre que la somme de la femme/sœur et du chat, reste pour se faire emporter par la vague qui submerge tout : son inconscient qui émerge, déborde, casse, détruit comme une immense et incontrôlable vague. Et c'est ce qui, dans le rêve, représente ses crises de panique : une vague gigantesque qui l'emporte. Désarmée comme cela lui arrive dans la réalité de la vie quotidienne, elle ne réussit pas à se défendre.

Mais dans son rêve apparaît également la figure du batelier qui rappelle le passeur dantesque, dont le devoir était de transporter les âmes sur l'autre rive vers le salut, ou le mythe grec d'Hermès, qui accompagnait l'âme des morts et était capable de passer de la vie à la mort, entre le jour et la nuit, entre la terre et le ciel. Évidemment, c'est une référence à l'analyste qui se propose comme le sauveur, le guide (le **psychopompe,** diraient les psychologues analystes) de l'âme du patient. Mais ce dernier n'est pas encore capable de saisir la main tendue, dans un geste significatif d'aide.

l'existence humaine plus vive et belle ; mais elles se heurtent aux règles consacrées par la tradition. »
Jung affirme que, tous, nous avons une Ombre : un côté de notre personnalité négatif et désagréable, inférieur, méprisable, que, généralement, on tente de cacher aux autres. Mais il pense également que l'Ombre n'est pas négative au sens absolu ; au contraire, c'est elle qui nous rend humain. Comme en peinture, ce sont les ombres qui modèlent le visage des hommes. En outre, Jung souligne comment chacun de nous doit tenir compte de sa propre Ombre, en cherchant à trouver un équilibre entre ses côtés négatifs, instinctifs, archaïques et le contrôle de leur expression exercé par la collectivité et par les règles sociales.
Dans chaque psychothérapie, analyste et analysé doivent travailler avec l'Ombre. En effet, si l'Ombre reste refoulée, isolée de la conscience, il n'y a aucune possibilité de la modifier, en la corrigeant ou en l'effaçant. Le danger qu'elle se brise à l'improviste, dans la conscience, réduisant à néant les meilleures dispositions du patient, est toujours possible. On ne trouve pas seulement des traces de l'Ombre dans l'analyse des rêves, de l'imaginaire, et du comportement du patient, mais également dans ses projections. Ainsi l'extrême irritabilité, l'embarras, le désappointement que nous ressentons par rapport aux

▲

Vous arrive-t-il de rêver de votre sœur ou de votre frère ? Quelles significations attribuez-vous à ces rêves ?

Dans son rêve, Alexandra rencontre une femme qu'elle ne connaît pas, avec des caractéristiques somatiques toutes nouvelle pour elle. Mais elle sait qu'il s'agit de sa « sœur » : une parente très proche, une image de femme semblable à elle. Cette femme représente son Ombre, une partie de son âme extrêmement faible et craintive, incapable de s'opposer à un destin sans piquant, à une vie fade et désespérée, qui renonce à vivre pleinement sa vie. Il est typique, comme nous l'enseigne la psychologie analytique, que l'Ombre soit représentée par l'image du frère ou de la sœur. Mais dans le cas d'Alexandra, nous rencontrons une sœur trop craintive, extrêmement faible, toujours indécise : une éternelle adolescente. En fait, dans ses associations, la patiente décrit ce personnage du rêve comme une femme ayant des caractéristiques infantiles, qui ne veut prendre aucune responsabilité, qui reste immobile même devant un danger immédiat, qui laisse tout décider aux autres, sauf pour les critiquer par la suite. Alexandra sent que cette femme/sœur fait partie d'elle, même si elle manifeste des caractéristiques somatiques et caractérielles dans lesquelles elle ne se reconnaît pas dans un premier temps. Pour guérir, elle devra, en fait, se libérer de quelques résistances, pour pouvoir connaître et modifier cet aspect : trop agréable pour être facilement abandonné, trop faible pour lui permettre d'affronter sereinement la vie.

défauts de nos collègues sont souvent un signe du fait que justement ces défauts demeurent dans notre Ombre. Par cela, Jung fournit une explication aussi bien pour des antipathies personnelles que pour des préjudices et des persécutions tristement passés à l'Histoire.

Chaque psychothérapie de fond se fixe pour but de rendre consciente la part d'Ombre en chacun de nous. Admettre son existence est déjà en soi suffisant pour diminuer la force et l'influence que celle-ci exerce sur notre Moi. Si, par la suite, comme il est probable, vaincre complètement l'Ombre se révèle impossible, il s'agira de transiger avec elle.

PSYCHOPOMPE

Hermès – raconte le mythe –, fils de Zeus et de Maia, naquit dans une grotte du mont Cyllène, en Arcadie et déjà, le premier jour de sa vie, il réussit à se libérer des langes et se mit à marcher. Devenu le messager des dieux, en particulier de Hadès, il séduit par son impudence Zeus lui-même, qui en fait son propre héraut et ambassadeur, le gardien des routes, le protecteur des pèlerins...

Apollon lui offrit son propre sceptre d'or, qui avait été tressé avec deux serpents, symbole de la ruse, et

Ainsi, comme dans son rêve où elle ne réussit pas à abandonner l'autre femme ni le chat, Alexandra ne réussit pas dans la vie à couper les liens affectifs (par exemple celui de l'homme marié) qui ne peuvent avoir de suite dans une vie adulte. Même si elle sait qu'avec cet homme elle ne pourra jamais se marier, avoir des enfants ou vivre avec lui, elle poursuit cette relation qui lui sert d'alibi pour ne pas avoir à décider. Ce sont les limites de son monde, où s'entrecroisent sentiments infantiles et poussées d'autonomie, crainte de dépendance et recherche de sécurité, désir et vivre et incapacité à prendre des décisions indispensables pour pouvoir vraiment se déclarer vivant.

Alexandra représente sa pathologie à l'aide d'une image assez efficace : une onde en crue à laquelle elle ne peut échapper. En fait, dans ses attaques de panique, elle souffre d'un sentiment de mort imminente : quelque chose de gigantesque va la toucher mortellement. Quelque chose qui, au moins pour quelques instants, anéantira sa personnalité, paralysera sa volonté, effacera sa capacité de contrôle. Savoir que ce trouble provient de l'inconscient peut être utile. Mais ce n'est pas de l'extérieur qu'il faut espérer un remède. En fait, il n'existe pas de baguette magique capable de résoudre ce problème rapidement et sans douleur. C'est seulement en regardant au-dedans de nous (dans l'inconscient) que nous est donnée la possibilité de comprendre cet enchevêtrement d'émotions, de sentiments, d'expectatives, de complexes que nous avons laissé prospérer sans jamais vouloir y prendre garde.

En utilisant les instruments de la raison, de l'intuition, du sentiment, donc en faisant une analyse, Alexandra pourra décrypter les réels motifs de ses peurs. Ceux-ci ensuite, une fois en pleine lumière, se révéleront pour ce qu'ils sont réellement : peurs infan-

était surmonté d'une paire d'ailes, symbole d'une infatigable activité. Le couvre-chef et les sandales ailées sont les attributs de sa rapidité. En posant le sceptre d'or sur les yeux des morts – raconte toujours le mythe –, il conduisait leurs âmes en Enfer. Sous cette apparence, il assumait le rôle de Psychopompe : d'accompagnateur des âmes.

Il s'agit donc d'une figure initiatique qui accompagne l'âme, ou la vie psychique, dans des processus de transformation. Cette fonction, que le mythe grec attribuait à Hermès, a été plus récemment dévolue à ceux qui ont interprété le rôle de guide psychologique : prêtres, chamans, sorciers, et médecins, psychiatres ou psychologues, entre autres.

D'un point de vue intrapsychique, la fonction du psychopompe est liée à l'Anima et l'Animus, les deux mettant l'individu en contact avec son monde interne. Animus et Anima, en médiation entre le Moi et l'inconscient, mettent en relation chaque personne avec son Destin.

Dans les rêves, précisément, ils apparaissent comme images de sexe opposé à celui du rêveur et, sous les traits de grands navigateurs, guides, maîtres ou mentors, les conduisent au cours d'un long voyage à la découverte de leur inconscient.

■

Quelles sortes de chats peuplent vos rêves ? Sont-ils sauvages, capables de mordre et de griffer ? Sont-ils sournois ou aimables ? Sont-ce des chats domestiques qui dépendent de leurs maîtres ?

Sournois et doux en même temps, le chat a endossé, au cours des siècles, des significations symboliques hétérogènes, qui oscillent continuellement entre une interprétation malveillante et terrifiante et une interprétation bénéfique et rassurante. Par exemple, pour les Japonais, le chat est un animal de mauvais augure à qui est attribuée la faculté de tuer les femmes pour en prendre l'apparence. Pour les bouddhistes, c'est le seul animal, avec le serpent, à ne pas avoir pleuré la mort de Bouddha ; d'un autre point de vue, il pourrait donc assumer un caractère positif de force, de supériorité et de sagesse. Les Égyptiens de l'Antiquité, au contraire, l'adoraient, sous les apparences de la déesse Bastet, bienfaitrice de l'humanité. Dans ce cas précis, c'est l'agilité et l'habilité du chat qui sont mises à disposition des humains, par la grâce d'une intervention divine. Dans la psychologie analytique, le symbole du chat est souvent opposé à celui du chien. Le premier représente le plus souvent un monde instinctif et affectif caractérisé par le désir d'indépendance et d'autonomie, mais aussi par le manque de fiabilité, l'imprévisibilité, la fausseté et la cruauté. Tandis que le chien est communément perçu comme le meilleur ami de l'homme. Fidèle, parfois jusqu'à la mort, fiable, obéissant, sincère : une affection, en somme, qui ne trahit jamais.

Dans le rêve d'Alexandra, le chat représente son monde instincto-affectif. Le désir d'obtenir ce qu'elle veut dans la vie, si nous considérons le côté positif du symbole ; le fait de reculer devant les situations importantes qui l'obligent à prendre une décision, si nous observons son côté négatif. Le chat représente l'envie de liberté et d'indépendance d'Alexandra : un but important pour une femme indécise comme elle. Mais c'est son manque d'acharnement, sa façon d'agir, superficielle, son indifférence par rapport aux devoirs éthiques que la vie nous appelle à résoudre, qui la bloquent dans une position substantiellement immature. Ainsi, Alexandra, qui dans son rêve ne veut pas renoncer à son « chat », est emportée par une vague énorme provenant de son inconscient. Ce qui se voit de l'extérieur, ce sont seulement ses crises de panique.

Mais vous, ne rêvez-vous jamais de chat ?

tiles de qui, ne voulant pas grandir, ne décide jamais.

Alexandra doit répondre à trois questions pour résoudre le problème qui l'afflige, avant qu'une nouvelle vague l'emporte : qui suis-je ? où suis-je ? où est-ce que je veux aller ?

● **_Quelle est la signification du passeur ? Est-ce un symbole positif ou négatif ? Pourquoi Alexandra ne monte-t-elle pas sur la barque ?_**

En psychanalyse, l'utilisation des rêves est très différente de celle que pourrait en faire un magicien ou un devin. Pour les interpréter, on devrait toujours tenir compte des associations (ce que le sujet associe librement aux détails du rêve) fournies par le patient. Quand le thérapeute lui demande ce qu'elle associe mentalement au passeur, Alexandra n'a aucune difficulté à répondre ; dans son esprit apparaît tout de suite une image : le passeur ressemble à l'analyste. Pour représenter le thérapeute, son inconscient a recours à l'image du passeur.

L'analyste apparaît comme le « passeur » : celui qui est capable de sauver les âmes des morts. C'est une signification métaphorique évidente qui assimile l'âme des morts à l'âme souffrante d'un individu « malade ». Dans les rêves, il est fréquent qu'un problème psychique qui n'a pas été résolu soit représenté par un obstacle à dépasser : un gouffre, une route dangereuse, la mer. Dans ce rêve, Alexandra, pour guérir, doit gagner la rive opposée du fleuve. Mais pour l'instant, elle ne peut saisir l'aide que lui offre le thérapeute. Elle est encore trop liée à quelques parties psychiques, le chat et l'autre femme, qui l'empêchent de grandir, d'être autonome, de devenir adulte. Si, pour le moment, elle n'est pas en état d'être aidée par son analyste, que peut faire ce dernier ? Comme nous l'avons déjà dit, la personnalité globale d'Alexandra résulte de la somme de son Moi, du chat (le monde affectif-instinctif) de l'autre femme (l'ombre). Le thérapeute doit renforcer ce Moi, afin qu'il puisse intégrer – connaître, modifier, et enfin utiliser – ces parties psychiques qui, comme on l'a vu, fonctionnent pour l'instant comme des complexes autonomes (parties autonomes de l'âme qui écartent le Moi) et qui, par conséquent, ne peuvent participer à l'évolution de la patiente. Il ne reste donc au thérapeute qu'à adopter une attitude d'attente. Mais une attente active : emphatique, attentive, respectueuse des défenses et des résistances, et toujours vigilante.

Au lit avec la femme du président

Ce jour-là, Guy se sentait vraiment bizarre, un peu confus, un peu embarrassé, en tout cas très triste. Il était assis devant son analyste depuis plus de dix minutes et il n'avait pas encore réussi à sortir une parole : il continuait à penser à ce qui lui était arrivé deux jours avant, au cours de la séance précédente. Il s'était plaint de n'être pas assez aidé : « Vous savez des choses qui pourraient m'aider, mais vous ne voulez pas me les dire pour des raisons techniques », avait-il dit à l'analyste. Ce dernier avait répliqué que son raisonnement ne faisait pas un pli, mais seulement si on supposait qu'une personne pouvait savoir de lui plus que lui-même ne pouvait en connaître ! Déçu par cette réponse qu'il n'arrivait pas à admettre, et aussi un peu en colère, il avait glissé une main dans sa poche, pour prendre, dans son portefeuille, une photo qui le représentait main dans la main avec sa mère, et l'avait montrée à l'analyste en disant : « Voilà, sur cette photo, je suis dans les bras de ma mère. » Un lapsus qui en disait long sur ce qui était en train de se passer dans l'analyse, et aussi, sur son problème (voir encadré ★)...

Guy est un jeune enseignant en lettres, cultivé. D'aspect plutôt agréable, même si on ne peut pas vraiment dire que c'est un bel homme. Il a beaucoup d'amis, qu'il amuse souvent en exploitant sa culture et sa loquacité. Mais il n'a jamais eu de petite amie. Le jour d'avant la séance à laquelle nous avons fait précédemment référence, il avait été à une fête, où il avait rencontré une jeune fille qui l'avait beaucoup attiré. Il n'avait pas réussi à « l'aborder ». À dire vrai, il n'avait même pas trouvé le courage de l'approcher, pour lui demander comment elle s'appelait ou autre chose qui puisse servir pour faire connaissance. Où avait donc disparu sa loquacité ?

La même nuit, il avait fait un rêve : « Je suis au lit avec la femme du président des États-Unis d'Amérique. Tout, sexuellement parlant, va à la perfection. Je suis une sorte de 007, d'agent secret du gouvernement, doté d'armes spéciales, très sophistiquées, et d'un grand pouvoir. Je suis un grand amant, j'ai beaucoup de maîtresses, avec lesquelles je fais régulièrement l'amour, toutes belles et mariées avec des hommes puissants. » À une réalité frustrante, Guy réagit donc en faisant une rêve typique de **compensation.** Une analyse plus approfondie de la signification et

ANIMUS

Comme nous l'avons déjà souligné, Anima et Animus – d'après la psychologie analytique de Jung – représentent respectivement l'image intérieure d'une femme opérant dans le psychisme de l'homme et l'image intérieure d'un homme à l'œuvre dans le psychisme de la femme. Animus est donc une figure fondamentale du psychisme de la femme, et en détermine les caractéristiques psychologiques masculines.

Animus a souvent été un acteur du patrimoine culturel collectif, endossant chaque fois l'apparence d'Apollon, de Roméo, d'Alexandre le Grand, d'Héraclès, d'Hermès. Il est « psychiquement exigeant » et prend activement part au processus thérapeutique.

À l'instar d'Hermès, dieu des voyageurs, capable de signaler le juste chemin, Animus agit comme un psychopompe, médiateur entre le Moi et l'inconscient. Il met la femme en relation avec son propre Soi. En d'autres termes, il met l'individu en relation, à un moment donné, avec ce qu'il pourrait être ou devenir.

Étant habituellement projeté par les femmes sur des hommes réels, il peut fatalement provoquer

★

ÊTES-VOUS DEPUIS TOUJOURS UN IMPARDONNABLE GAFFEUR ? QUEL NOM NE RÉUSSISSEZ-VOUS VRAIMENT PAS À VOUS RAPPELER ? AVEZ-VOUS RÉCEMMENT CASSÉ LE VASE QUE VOTRE BELLE-MÈRE VOUS A OFFERT POUR VOTRE MARIAGE ?

Dans un moment de tension particulièrement émotive, Guy tend à son psychanalyste une photographie qui le représente main dans la main avec sa mère. Mais un lapsus accompagne ce geste. En effet, Guy déclare être « dans les bras » de sa mère, et non main dans la main comme c'est le cas sur la photo. L'utilisation erronée de ce mot n'est pas imputable à l'inexpérience ou à l'ignorance. Il ne s'agit pas non plus d'une simple étourderie. C'est l'inconscient qui, profitant d'une réduction momentanée de vigilance de la conscience, exprime ses motivations, en finissant par altérer le comportement conscient de l'individu.

Pour éclaircir ce concept, Freud fit référence à un exemple devenu célèbre : « On se rappellera certainement de la façon par laquelle, il y a quelque temps, le président du Parlement autrichien ouvrit la séance ! "Messieurs, j'enregistre la présence du nombre légal et je déclare donc la séance terminée !" Seule l'hilarité générale lui permit de se rendre compte de son erreur, de sorte qu'il se corrigea. Dans ce cas, très probablement, l'explication est que le Président désirait dans son for intérieur pouvoir déjà fermer la séance qui ne présageait rien de bon, mais cette pensée secondaire, comme il arrive souvent, réussit à s'interposer au moins partiellement, et il en ressortit "terminée" au lieu de "ouverte" : le contraire de ce qu'il avait l'intention de dire. » Freud rapporte cet exemple dans un texte de 1901, Zur Psychopathologie des Alltagslebens, *qui trouva son*

l'attirance entre deux personnes, parce qu'il contient en soi le principe de la communication entre les deux sexes. L'homme aimé, projection initiale de l'Animus de la femme, est ensuite symboliquement assimilé par celle qui aime, dans un but d'identification. Si le premier stade, celui de la projection, peut être placé à l'origine du sentiment amoureux, le second, celui de l'identification, est le fondement de l'amour. Aimer quelqu'un, d'après ce modèle psychologique, signifie lier sa propre identité à celle de l'autre jusqu'à réaliser une fusion qui provoque un agrandissement du Soi. L'amour serait donc une confusion d'identité, une fusion qui correspond à un besoin essentiel de l'homme. Mais malheureusement, les choses ne sont pas toujours aussi évidentes…

Il est possible qu'une femme soit victime d'une identification extrême. Sa personnalité, excessivement identifiée avec l'Animus, endosse des caractéristiques masculines. L'Animus prend le dessus sur la conscience et, bouleversant l'habituelle hiérarchie psychique, se rend responsable d'une véritable révolution. L'esprit critique s'affaiblit, la conscience se rétrécit, le Moi est dépassé, comme s'il était possédé par cette image psychique. Dans cette situation, une femme peut de-

édition définitive seulement plusieurs années plus tard, en 1924. Dans ce volume, Freud parle des « actes manqués » : des actes dont le résultat, même explicitement recherché, n'est pas atteint, mais tout à coup substitué par un autre. Parmi ceux-ci : quelques oublis, des lapsus verbaux, de lecture, d'écriture, des gaffes, la perte ou la casse d'objet, certaines bévues, l'oubli des noms propres, etc. Il s'agit de réels symptômes qui, outre le fait qu'ils révèlent l'existence d'un conflit entre la motivation inconsciente et l'intention consciente, appellent à l'assouvissement du désir inconscient.

Quel était alors le « désir inconscient » de Guy ? Il voulait être « pris en main » par le thérapeute, sur lequel il projetait l'image de sa mère. Comme il nous arrive à tous, il voulait résoudre ses ennuis de manière passive, indolore, avec le moins d'engagement d'énergie possible, sans aucun sacrifice. Mais pour qui s'intéresse à la psychothérapie, on sait bien que cela est impossible…

venir obstinément contrariante, obsessionnelle, excessivement perfectionniste, malencontreusement affirmative, impitoyable dominatrice : en réunissant en elle toutes les caractéristiques négatives de l'homme.

BISEXUALITÉ

La majeure partie des réflexions de Freud relatives à sa théorie de la bisexualité se trouvent dans l'édition de 1905 des Trois essais sur la théorie de la sexualité. *À cette époque, Freud avança l'hypothèse de la « bisexualité innée », en affirmant que les différences psychologiques caractéristiques de chaque* **genre** *singulier (le masculin et le féminin) s'établissent seulement à la puberté. Mais sa conviction semble remonter à bien plus longtemps, puisque déjà, en août 1899, il écrit, à son ami Wilhem Fliess : « […] et maintenant, passons à la bisexualité ! Je suis sûr que tu as raison en ce qui la concerne, je suis en train de m'habituer à l'idée de considérer chaque acte sexuel comme un processus dans lequel sont impliquées quatre personnes. »*

Freud pressent donc l'importance de ce concept pour toute la doctrine psychanalytique, en par-

des symboles de ce rêve se trouve dans l'encadré ▲.

Mais passons pour l'instant à une autre histoire. Henri a vingt-quatre ans. C'est un garçon discret, mais peu instruit, pas du tout déterminé, qui manque toujours d'assurance. Il porte souvent une paire de lunettes à monture dorée qui lui donne un aspect encore plus timide et indécis. Tout va bien dans son travail ; il est agent de publicité et est assez estimé pour ses qualités et ses compétences. Côté sexe, ça va mal. Il souffre d'éjaculation précoce, et parfois, il est carrément impuissant, même avec des filles qui l'attirent beaucoup. Sa petite amie, une femme dure, plus âgée que lui, aux traits et aux manières assez masculines, se plaint continuellement de cette dysfonction sexuelle, le plus souvent de façon désagréable, sur un ton acerbe et ironique à la fois ; elle réussit à être extrêmement culpabilisante. Le jour d'avant le rêve relaté ci-après, Henri était sorti avec elle et des amis. Elle l'a mal traité, l'humiliant devant tout le monde. Lui, profondément blessé, avait été jusqu'à penser que ses amis voulaient le chasser du groupe.

Voici son rêve, cette nuit-là : « Nous sommes un groupe d'amis, filles et garçons, au bord d'un terrain de football. Quelques-uns sont debout, ils sont en file, et quand arrive le ballon, ils tirent des buts de la tête ou du pied, tout cela dans les règles. Dans la file, il y a ma petite amie qui, lorsque vient son tour, ne rate évidemment pas la cible. Un par un, tous marquent un but. Alors je décide, moi aussi, de jouer. Je me lève et me mets dans la file, mais mon amie me chasse brutalement et, quand arrive son tour, marque de nouveau un but. Après être retourné sur le bord du terrain, je m'assieds et, humilié, je pense qu'il me plairait bien de participer et de marquer aussi des buts. »

tant des théories développées par son ami Fliess. Vers la fin du siècle dernier, il manifesta l'intention d'écrire un livre entier sur cet argument. Mais dans l'ensemble, la reconnaissance attribuée par Freud aux découvertes de Fliess se révéla moindre. Le choix le plus rude eut lieu lors du dernier congrès d'Achensee, durant l'été 1900. Fliess accusa Freud de vouloir s'approprier sa découverte. Freud répondit – dans une note publiée dans les Trois Essais sur la théorie de la sexualité *– en énumérant huit auteurs qui s'étaient déjà penchés sur cette question. Parmi ceux-ci, son ami Fliess, mais Freud cita la date de son œuvre principale, 1906, et non celle de la découverte effective du concept : 1857. La dispute brisa définitivement leur amitié.*

La théorie de la bisexualité devint une pierre angulaire de la doctrine freudienne des névroses, des perversions et des conflits. L'importance d'une telle conceptualisation se révèle pleinement dans la théorisation du complexe œdipien, dont la complexité serait compréhensible soit par le caractère triangulaire de la relation œdipienne, soit par la bisexualité constitutionnelle de l'individu. Pour simplifier le mécanisme du complexe œdipien, on peut dire que l'on ne se trouve pas seulement devant un enfant qui a un comportement ambigu envers son père et choisit sa mère

comme son objet d'amour, mais on doit également tenir compte d'une tendance à se comporter comme une fillette amoureuse de son père et désireuse de s'approprier l'image maternelle ! L'ambiguïté que, souvent, les enfants manifestent envers leurs parents est donc typique de la bisexualité. On devrait donc parler d'un complexe œdipien élargi, double, qui tient compte du côté masculin inhérent dans la structure psychologique féminine et du féminin complémentaire de la structure psychologique masculine.
De cette manière, la théorie formulée par Freud s'approche de façon surprenante des concepts de Jung : Anima et Animus.

COMPENSATION

Ce terme, même lorsqu'il est utilisé hors du contexte des sciences psychologiques, indique une action qui tend à « compenser » les carences d'un système donné, afin de le ramener à un état d'équilibre.

Avez-vous cerné le sens de ce rêve ? S'il n'était pas clair, une explication, de la signification mais également des symboles, se trouve dans l'encadré ■.

De manière très synthétique, nous pouvons ici noter qu'Henri manifeste sa souffrance et l'humiliation par son incapacité à s'affirmer en tant qu'homme : ce qui suscite en lui un complexe d'infériorité.

Victor, lui, est le protagoniste ou plus exactement la victime d'une autre histoire. Il a vingt-six ans, mais il a le visage et les manières d'un enfant, si bien que tous pensent qu'il a bien cinq ans de moins. Il a un travail discret qui lui plaît relativement, même si son rêve, lorsqu'il était enfant, était de devenir un grand coureur cycliste. Mais son travail actuel, à la différence du cyclisme amateur, lui permet d'avoir une vie matériellement confortable. Il vit en effet chez ses parents ; son père, représentant de commerce, est souvent absent de la maison. Sa mère est une femme attentive et prévenante qui s'occupe trop de la vie de son fils : elle devient trop envahissante, hyperpossessive et même castratrice. Victor se sent déprimé, il est souvent fatigué, paresseux, pessimiste, sans enthousiasme ; le monde qui l'entoure lui semble gris. Il a essayé de se soigner avec des antidépresseurs, mais cela n'a servi à rien. C'est pourquoi il a décidé d'entreprendre une psychanalyse.

La veille de raconter son rêve à son analyste – rêve qui s'avérera très significatif –, il avait eu un problème avec son employeur : il désirait obtenir une augmentation, mais n'avait pas réussi à la demander avec la fermeté requise et la détermination nécessaire : il attendait que son supérieur comprenne par lui-même. Cette situation durait depuis pas mal de temps déjà, et évidemment, d'augmentation de salaire, le chef n'avait jamais parlé...

En psychologie analytique, Alfred Adler, fondateur de la psychologie individuelle, fit grand usage de ce concept, le prenant comme pierre angulaire de sa conception psychologique. Lui-même, en 1907, dans une étude sur l'infériorité des organes (La compensation psychique de l'état d'infériorité des organes), *écrit :* « [...] *J'ai démontré que les anomalies constitutionnelles congénitales ne doivent pas être considérées seulement comme des phénomènes de dégénération, mais peuvent aussi donner accès à un rendement et à un hyperrendement compensatoire. » Il étend ensuite le concept au-delà de l'infériorité physique, à l'infériorité psychique, réelle ou présumée, par rapport aux autres personnes, aux propres idéaux, ou au contexte social. D'après sa théorie, ces situations « d'infériorité » provoqueraient pour le simple individu des mécanismes compensatoires : une personne peut faire des efforts tels qu'elle se dépasse dans l'activité même qui fut la cause de ses difficultés initiales. Quand, par la suite, cette compensation devient excessive, on parle, pour reprendre les termes d'Adler, de « surcompensation » et d'« hypercompensation ». Jung fit également usage de ce terme, mais dans un sens différent. En fait, il prétendit avoir découvert une « fonction compensatoire », opérant à l'intérieur des processus psychologiques. Cet-*

Le rêve, en résumé, est le suivant : « Je suis sur la ligne de départ d'un circuit automobile, où va commencer une course de formule 1. Je dois y participer, mais je ne trouve pas les clés de ma voiture : une superbe Ferrari couleur rouge feu. Pour les

te fonction, comme c'est empiriquement démontrable, transpose dans un cadre psychique les fonctions qui régissent l'équilibre physiologique des êtres. Pour Jung, c'est l'inconscient qui développe une activité compensatoire au regard de la conscience. Les contenus refoulés, exclus ou inhibés de la vie consciente finissent par tomber dans l'inconscient, où ils forment des noyaux d'opposition à la conscience. Plus les tendances de la vie consciente deviennent unilatérales, plus ces noyaux se consolident. Enfin, passé un certain stade, ils commencent à troubler l'activité consciente et se manifestent dans l'imaginaire individuel, dans les symptômes, dans les rêves. Dans ce dernier cas, les rêves représentent la réaction de l'inconscient à une situation consciente déterminée. Quelque chose qui est survenu la veille se transpose dans le rêve en une histoire qui tend à compléter, modifier, compenser l'impression du jour. Il est évident que ces rêves n'existeraient pas sans la stimulation causée par une frustration, un empêchement, une inhibition, qui a marqué la vie diurne. Enfin, parmi tous les auteurs qui ont fait usage de ce terme, rappelons Alexander Lowen, un psychanalyste réputé pour ses études sur la bioénergétique. Dans sa théorie, on parle de « compensation » pour désigner les mouvements de correction que le

▲

N'avez-vous jamais rêvé d'être un agent secret ? De faire l'amour avec des épouses de personnes célèbres ? De posséder des armes sophistiquées et puissantes ?

Ce jour-là, au cours d'une fête organisée par des amis, Guy avait encore fait l'expérience de la frustration : il avait de nouveau fui devant une femme qui lui plaisait beaucoup. La même nuit, il avait rêvé qu'il possédait des armes sophistiquées et puissantes, qu'il faisait l'amour avec mille femmes, toutes mariées aux hommes les plus puissants de la terre, qu'il était un grand amant. De cette manière, Guy tente de compenser la déception éprouvée dans la réalité. Pour clarifier le mécanisme psychologique de compensation, reportez-vous à la bande de bas de page.
Nous examinons pour lors les symboles particuliers de ce rêve.
007 est l'agent secret par excellence. Très probablement, celui qui, plus que n'importe quel autre, grâce à une vaste programmation de ses aventures à la télévision et au cinéma, a frappé l'imagination populaire. Plus que de force ou de pouvoir, c'est un symbole d'habilité et de courage : 007 sort toujours vainqueur de toutes les situations, même les plus difficiles et les plus improbables ; il affronte chaque chose avec audace. En rêvant d'être un agent secret, Guy tente de compenser sa passivité, sa peur, son incapacité, son manque d'imagination, éprouvés le jour précédent, quand il n'avait même pas réussi à approcher cette femme qui, paradoxalement, l'attirait tellement. Toujours dans ce rêve, Guy est doté d'un armement sophistiqué, puissant, infaillible. Une arme symbole du sexe masculin, qui ne rate jamais son coup : une compensation qui nous fait supposer que Guy souffre d'un complexe d'infériorité sexuelle. C'est pourquoi il rêve qu'il est un grand amant, qui aime et satisfait mille femmes,

toutes belles et puissantes. En s'imaginant faire l'amour avec des femmes mariées à des personnes très importantes, l'auteur du rêve s'identifie à ces dernières, compensant ainsi la sensation d'incapacité, d'infériorité, de manque absolu de pouvoir, qu'il a éprouvée durant la fête.
Et vous, avec quel genre de femme vous est-il déjà arrivé de rêver faire l'amour ?

trouver, je dois descendre dans une grotte, où il y a une table autour de laquelle sont assis des hommes barbus, vulgaires, qui mangent, boivent, blasphèment et s'échangent des cassettes de films pornographiques. Je m'approche d'eux, je mange et je bois avec eux, finalement je prends une cassette et c'est seulement à cet instant qu'ils me donnent les clés de la voiture. Je remonte à la surface, grimpe dans ma voiture, mets le moteur et finalement je participe à la course de formule 1. »

Victor a un vécu négatif du « masculin » – les psychanalystes parleraient de son Animus : quand il doit « faire l'homme », il se met tout de suite en retrait. Ainsi il rêve – là aussi, par compensation – de participer à une compétition aussi prestigieuse que celles qui se déroulent dans les circuits de formule 1. Mais pour pouvoir y accéder, il doit prouver sa virilité : il doit apprendre à boire, à se saouler, à s'exciter avec des films pornographiques (pour approfondir ce thème ou les autres symboles, référez-vous à l'encadré ●).

Ces trois rêves d'hommes, tous assez jeunes, mettent en évidence le même problème : être viril sans reproduire le schéma d'un homme hyperbrutal et primaire, trop stéréotypé et, en même temps, désuet et perdant. Ils doivent également éviter de faire preuve de la passivité et des faiblesses d'un modèle qui se rapprocherait trop du « féminin ». Un dilemme assez courant, que les analystes ont l'habitude d'étudier.

Ces trois rêves évoquent ce qui est arrivé aux rêveurs la veille, et révèlent leur désir de le modifier, de le corriger, de l'expliquer. Le dénominateur commun est l'angoisse de celui qui, ne voulant pas être « macho », doit trouver une autre façon d'exprimer sa virilité. Mais comment fait-on aujourd'hui pour être un « homme » ?

---

corps adopte afin de rétablir un équilibre par rapport à des zones corporelles « engourdies ». C'est justement dans ces zones corporelles que le conflit psychique se décharge, provoquant des altérations de type somatique...

GENRE
Il est notoire, pour qui s'occupe de psychologie analytique, que ce sont justement les écrits de Jung sur les sujets tels que : le genre, le sexe, le masculin, le féminin qui offrent les plus étonnants contrastes. Jung soutient que l'hétérosexualité n'est pas présente chez les enfants, en tout cas sous sa forme la plus complète, et que cela nécessite un certain laps de temps pour qu'elle puisse se développer : il ne peut, dans ce cas, partager totalement la théorie de Freud sur la bisexualité.
En réalité, lui-même ne nous simplifie pas la tâche : en effet, plusieurs fois, il utilisa, de manière presque interchangeable, deux termes assez différents : « genre » et « sexe ».
Il est, au contraire, nécessaire d'utiliser de manière extrêmement précise et appropriée ces deux

Quel est votre modèle de référence ? Une fois que l'on a renoncé au modèle « macho », ne risque-t-on pas de se sentir faible et inférieur, d'être dominé par les femmes ? La peur de se « féminiser » est fréquente comme si, entre le « macho » et la « femmelette », il n'y avait rien d'autre qu'un véritable gouffre où s'enfoncer.

Le père de Guy était un homme de peu qui avait abandonné sa famille quand son fils n'était encore qu'un enfant. En héritage, il lui avait laissé un rôle terriblement difficile à assumer ; en s'en allant, il lui avait dit, en effet : « Maintenant, c'est toi qui t'occuperas de ta mère. » Le père de Victor s'absentait souvent pour de longues périodes. Quand il était à la maison, il se comportait plus comme un invité que comme un père ou un mari.

Le père d'Henri, lui, était là, mais c'était une image secondaire : à la maison, c'était en fait sa mère qui « portait la culotte ».

Cette absence de modèle masculin de référence a amoindri chez les trois hommes en question leur capacité à s'exprimer librement. En l'absence d'un modèle valable auquel s'identifier, ils ont dû se référer à un modèle qu'ils ont eux-mêmes construit, donc théorique, trop abstrait pour être utile, peu concret, superficiel, ou au contraire, excessivement rigide, fier, hautain, qui ne se trompe jamais et ne laisse aucune place à l'incertitude : un idéal trop grand pour pouvoir être accessible.

Qu'arrivera-t-il selon vous, au cours de leurs thérapies ?

La première étape d'une analyse avec des patients qui ont un problème de ce genre consiste à ce que celui qui s'analyse puisse se libérer de ce modèle trop difficile. Dans la deuxième phase survient la comparaison, constructive, avec le « masculin » de l'analyste, laquelle peut également – comme l'explique clairement la

termes. Ce qui apparaît encore plus évident lorsqu'on considère qu'avec le terme « sexe » on veut habituellement désigner cet ensemble de caractéristiques biologiques innées, qui sont à la base des différences sexuelles typiques des deux sexes, alors qu'au contraire, avec le terme « genre », on indique une typologie humaine, culturellement et psychiquement influencée.
En d'autres termes, on peut dire que le premier, le « sexe », reste au second, le « genre », comme le patrimoine génétique personnel reste au comportement individuel.
Robert Stoller, grand spécialiste en la matière, dans Sex and Gender, *propose de réserver l'utilisation du mot « sexe » pour tout ce qui a un rapport avec les chromosomes, les parties génitales, les hormones et caractères sexuels secondaires. Le mot « genre », donc, resterait pour indiquer les caractéristiques de masculinité et de féminité d'une personne donnée. Il est donc possible de ne pas parler seulement d'homme – avec une typologie essentiellement masculine – et de femme – avec une typologie essentiellement féminine –, mais également de sujets de sexe masculin avec des qualités clairement de type féminin et, à l'inverse, de sujets de sexe féminin avec des qualités clairement de type masculin.*

théorie de la bisexualité – survenir avec le « masculin » d'une femme analyste. Le but de cette phase est de construire une virilité plus souple, qui intègre quelques aspects du « féminin ». La troisième et dernière phase consiste en la traduction pratique de ces nouvelles possibilités, à peine acquises, mais seulement d'un point de vue psychique. Car un homme qui finirait par vivre essentiellement sa partie féminine serait destiné à une vie misérable.

■

Ne rêvez-vous jamais que vous jouez au football ?
Marquez-vous des buts ?
Ou bien vous expulse-t-on du terrain ?

Pendant toute la journée, Henri a été maltraité par sa petite amie. Il s'est senti très mal ; blessé et humilié par la femme qu'il aime, mais malheureusement, il n'a pas réagi. À cause de cela, il a craint d'être exclu de son groupe d'amis, qui ont assisté à la scène et qui ont tous noté sa passivité. La nuit suivante, il rêve qu'il joue au football : tous marquent des buts sauf lui. Quand il essaie, c'est justement sa petite amie qui l'en empêche et le chasse durement. Assis sur le bord du terrain, il ne lui reste qu'à fantasmer : maintenant c'est lui qui marque mille buts, qui déborde le gardien de but par des shoots fulgurants. Mais, malheureusement, cela n'arrive que dans son imagination ! La journée, Henri est attaqué par son amie, en public, qui lui reproche de ne rien valoir et d'être sexuellement impuissant. Il s'expose ainsi à faire piètre figure, ce qui lui fait perdre beaucoup de « points » aussi bien vis-à-vis de lui-même que vis-à-vis des autres. Il en résulte inévitablement une diminution drastique de l'estime qu'il a pour lui-même… La nuit, il rêve qu'il est sur un terrain de football : lui aussi essaie de faire rentrer le ballon dans le filet – une métaphore très claire de l'acte sexuel –, mais il n'y parvient pas, au contraire puisque c'est sa propre petite amie qui l'exclut du jeu. C'est donc un premier message du rêve : il y a un problème dans leur couple. L'impuissance d'Henri est due, tout au moins en partie, aux rapports conflictuels qui existent au sein du couple, gérés par une femme assez masculine : une femme castratrice, diront les psychanalystes. Malheureusement, Henri n'est pas capable de se rebeller. En fait, il se réfugie dans l'imaginaire. Les déceptions ressenties durant la journée trouvent une compensation dans cette activité imaginaire. Il s'agit évidemment d'une compensation illusoire et improductive, parce que uniquement active dans le monde du fantasme. Ce patient, presque totalement impuissant, se trouvait souvent dans la désagréable situation de s'excuser auprès de sa partenaire du moment ; il rêvait la nuit d'être l'invincible Maradonna, marquant d'indénombrables buts l'un après l'autre…

Voudriez-vous être pilote de formule 1 ? Rêvez-vous d'hommes frustes et vulgaires ? Dans vos rêves, y a-t-il des scènes pornographiques ?

Pour Victor, cette journée avait été vraiment exécrable. Au travail, puis pour tout le reste. De plus, pour la énième fois, il n'avait pas réussi à demander une augmentation de salaire, qui depuis longtemps lui revenait de droit. En rentrant chez lui, il était de très mauvaise humeur et, après un bref repas, il avait cherché dans le sommeil un peu de sérénité, comme souvent. En vain. C'était un vrai cauchemar : il devait participer à une course de formule 1, mais il avait perdu les clés de sa Ferrari rouge flambante. Pour les récupérer, il devait approcher des hommes frustes et vulgaires, il devait partager leur goût pour la pornographie, il devait s'asseoir à leur table, manger, boire et blasphémer avec eux.

Le symbole de la Ferrari est très clair. La couleur rouge symbolise l'impétuosité, la vitalité, la passion. La puissance du moteur est une allusion à la virilité, à la vigueur. La marque de cette automobile est, de plus, célèbre dans le monde entier. Le rêve suggère donc à Victor de rentrer dans le circuit de la vie : lutter, combattre, serrer les dents pour obtenir ce qu'il désire. Autrement, il court le risque de perdre aussi ce qui lui revient de droit. Il a rêvé, par compensation, qu'il était un grand pilote de formule 1, mais qu'il avait perdu les clés de son bolide. Pour pouvoir participer à la compétition de la vie, il doit récupérer en lui, un « masculin » trop peu développé. Mais pour cela, il doit payer un prix : apprivoiser l'image de l'homme qui le terrorise, qu'il perçoit comme un être brutal, fruste, vulgaire et insensible. Mais quel adolescent n'a jamais été excité par un film pornographique ? Il s'agit d'une étape normale de la vie. D'une phase de la croissance psychologique individuelle et de groupe. Dans un deuxième temps, Victor pourra affiner « sa » manière d'être homme, pour le rendre plus semblable à lui, pour en exalter la sensibilité, l'intuition et la capacité créative qu'il possède certainement. Mais avant toute chose, il est nécessaire de faire une expérience globale, qui comprend aussi ces côtés négatifs de la psychologie masculine.

L'art

Les œuvres d'art sont les réceptacles naturels d'une symbolique qui plonge ses racines dans le passé, vit dans le présent et anticipe l'avenir. Ces symboles proviennent des mythes, des rites des temps anciens, dont ils conservent le pouvoir. Ils se servent donc d'un matériau préexistant profondément enraciné en nous – patrimoine culturel de l'inconscient collectif – pour jeter un pont dans le futur, devenant ainsi la plus admirable manifestation d'un processus de transformation psychologique, qui implique en même temps soit l'individu seul, soit la collectivité tout entière.
C'est pourquoi, non seulement dans les rêves, les mythes, les contes, mais également dans les œuvres d'art, nous pouvons distinguer ces mécanismes psychologiques, souvent obscurs et ambivalents, dont l'artiste est devenu le sublime interprète, leur conférant une forme – que ce soit une poésie, une prose, les couleurs et les traits d'un tableau, ou les notes d'une composition musicale – capable de toucher, d'étonner et de fasciner chacun de nous.
Partant de cette thèse, bien loin de vouloir reconstituer les psychobiographies des artistes auxquels nous nous intéressons, nous tentons de jouer avec les fruits de la création artistique, ainsi que nous l'avons fait jusqu'à présent avec les rêves…

Picasso et l'inconscient

Même dans les œuvres les plus abstraites, où il s'avère extrêmement difficile de déterminer un lien avec les images du quotidien, il reste souvent possible d'apercevoir une référence à la réalité. Toutefois, « dans les choses confuses, l'esprit suscite de nouvelles inventions », ainsi que l'écrivait Léonard de Vinci, qui suggérait aux artistes de son temps de scruter les taches des murs, les veinures des marbres, les nuages, la cendre, pour y découvrir des paysages, des animaux, des choses magnifiques et monstrueuses, comme il avait l'habitude de le faire lui-même, attirant la puissance évocatrice des « choses confuses ».

L'attention de Léonard, dans une phase préliminaire de **l'imagination active,** est tendue vers l'évocation de l'image intérieure, expression de la vitalité et de la créativité de l'âme.

Pablo Picasso.
Autoportrait, *1906.*
Museum of Art, Philadelphie.

Quel est donc le processus psychologique qui permet, ou mieux encore, qui favorise l'inspiration artistique ?

Quelle différence y a-t-il, si jamais elle existe, entre génie et folie ?

Vous trouverez une analyse plus attentive des mécanismes psychologiques qui sous-tendent à la création d'une œuvre d'art dans l'encadré ▲.

Nous rapportons ici la phrase d'un célèbre écrivain italien, Alberto Moravia : « Il faut s'asseoir à son bureau, avoir un bout de papier devant soi, s'emparer d'une plume ou d'un crayon, ou bien se mettre devant sa machine à écrire. Mais tout ce rituel objectif risque de rester lettre morte s'il ne se produit pas une étrange osmose, c'est pourquoi les outils d'écriture deviennent le médium transparent de ce que je définirais par l'attaque de la voix. » D'où vient cette voix ? Qui prend en main la plume pour écrire ? Quel Moi est, en fait, au centre de toute l'opération ? Voilà toutes les questions que se pose l'écrivain.

Les œuvres de Moravia font partie des créations artistiques psychologiques, d'après la distinction que fait Jung entre création artistique visionnaire et création artistique psychologique. (Pour connaître la différence entre une œuvre visionnaire et une psychologique, reportez-vous à l'encadré ▲.) Jackson Pollock est, en ce sens, un cas plus explicite. Dans sa vie, psychanalyse et création sont unies par un lien profond. Le docteur Henderson – un psychanalyste qui fut élève de Jung et analysé par lui – soigna Pollock durant les premiers mois de 1939 et le suivit deux ans. Quatre-vingt-trois tableaux finirent de cette manière dans les archives du thérapeute, et y restèrent pendant trente ans, jusqu'en 1970 : dix ans après la mort de l'auteur, ils tombèrent de manière peu opportune dans le domaine public, avec leur publication dans le catalogue *Jackson Pollock « Pyschoanalytic » Drawings*, de l'éditeur Wysuph.

Quiconque s'occupe de psychanalyse sait que le Moi active un processus de refoulement par rapport à ses contenus psychiques qui apparaissent trop menaçants, ou trop indési-

▲

Qu'entend-on par création artistique visionnaire ou psychologique ?
Quelle psychologie est à la base de l'inspiration artistique ?
Génie ou folie, d'après vous y a-t-il une différence ?

Jung distingue les œuvres d'art « psychologiques » des « visionnaires ». Pour les premières, l'auteur déverse sa propre expérience de la réalité quotidienne. Pour les secondes, conscient ou non, il anticipe les changements sociaux ou indique les futures voies possibles pour le développement de toute la collectivité. En vérité, on ne peut pas dire que les œuvres d'art visionnaires soient créées par l'artiste, parce qu'elles sont déjà dans son esprit : c'est une énergie créatrice qui prend forme même au détriment de son bien-être personnel. L'inspiration artistique peut donc être considérée comme un ensemble autonome, quelque chose qui fait partie de nous tout en restant dissocié, capable de bouleverser la hiérarchie de la conscience et de soumettre le Moi à son gré. L'inspiration artistique, en fonctionnant comme un ensemble autonome, prend corps dans l'inconscient et est seulement perçue par la conscience lorsqu'elle va faire irruption en elle. Cela signifie qu'elle ne peut être inhibée, produite volontairement ou contrôlée par la conscience : ce qui apparaît dans les visions des artistes émerge avec force de l'inconscient. Les images primordiales qui se révèlent à la conscience proviennent de l'inconscient collectif : c'est le fruit de l'expérience de tous les hommes de toutes les générations passées. Ces images ont un caractère compensatoire par rapport à la situation consciente ; c'est-à-dire qu'elles tendent à rééquilibrer, au niveau social, les déformations, les exagérations ou les égoïsmes caractéristiques de la période historique durant laquelle l'œuvre d'art a vu le jour. Pour reprendre la phrase de Jung : « Dans chaque individu, le comportement conscient est contrebalancé par des réactions inconscientes. Ainsi l'art représente, dans la vie des nations et au cours des différentes époques, un processus d'autorégulation spirituelle. » Il ne reste à l'artiste qu'à donner forme aux voies de l'inconscient… Descendu en lui, il doit remonter à la surface et compléter le message inconscient avec les instruments de la conscience.

Croyez-vous dans la fonction sociale de l'art ?

Le résultat de cette intervention, si elle réussit, est la création d'une œuvre d'art d'une portée universelle ; le risque, en cas d'échec, est d'être dépassé par l'inconscient, de ne pas réussir à donner une forme à ses contenus primordiaux, de sombrer dans les ténèbres, dans l'abîme : la folie.

rables pour la conscience. Mais ces contenus peuvent réémerger de l'inconscient, sous forme de rêves, de produits de l'imagination, d'œuvres d'art. Si chaque tableau est une expression symbolique des processus psychiques inconscients, quels portraits, sinon ceux de Pollock, se prêtent le mieux à une mise en examen ?...

La *Crucifixion* est un très bon exemple pour montrer comment il est possible d'observer le monde de l'inconscient à travers l'œuvre d'art. (Pour une interprétation des contenus symboliques représentés – la crucifixion, les images au premier plan, les couleurs – reportez-vous à l'encadré ■).

Parmi les motifs thématiques que nous trouvons le plus fréquemment dans les œuvres de Pollock, il faut surtout se rappeler ses « revisitations » sur le thème typique de Picasso, de la lutte entre le cavalier et le taureau. Il suffit de confronter, par exemple, le tableau *Femme à la bougie, combat entre le taureau et le cavalier*, peint en 1934 par Picasso, avec un tableau sans titre peint par Pollock quelques années après. Mais les similitudes entre les

Jackson Pollock.
Crucifixion.
Marisa Del Re Gallery, New-York.

IMAGINATION ACTIVE
En 1935, Jung utilisa ce terme pour décrire un processus similaire au rêve éveillé, proche des suggestions que Léonard de Vinci faisait à ses élèves pour obtenir l'inspiration artistique. D'après l'auteur, il est nécessaire dans un premier temps de choisir et de se concentrer sur un point spécifique, un bruit ou une image ; ensuite, il faut permettre aux fantaisies de s'associer librement les unes aux autres. Après quoi, ces fantasmes semblent être doués d'une vie propre et se déroulent selon une logique intérieure. Les interférences et les hésitations, sottement exercées par la conscience, sont écartées ; n'importe quelle fantasmagorie qui arrive à pénétrer la conscience doit être accueillie.
« Si nous nous concentrons sur une image intérieure et que nous prenions garde à ne pas interrompre l'écoulement naturel des événements, notre inconscient produira une série d'images qui formera une histoire complète. » Jung propose d'utiliser cette technique pour soigner les névroses, surtout en phase terminale de l'analyse, quand l'objectivation des images prend la place des rêves. Mais cette opération, avertit l'auteur, n'aura de succès que s'il existe une coopération de la

deux artistes ne s'arrêtent pas là. En effet, dans la peinture de Pollock, l'espace de la toile, la couleur et la technique, l'artiste lui-même, nous apparaissent comme une unité organique : c'est ce qui arrive, comme le soutenait Picasso, entre le musicien et son violon. En laissant au critique d'art le devoir d'analyser, d'un point de vue esthétique, la production

Pablo Picasso.
Femme à la bougie,
combat entre le taureau et le cavalier, *1934.*
Musée Picasso, Paris.

Jackson Pollock.
Sans titre.
Collection Mme Noriko Togo, Tokyo.

picturale de Picasso, nous nous limitons, ici, à considérer la psychologie qui est à la base de sa manière de « faire de l'art ».

Les images des « objets » du monde réel

conscience avec les productions de l'inconscient, sans pour autant devenir un substitut de la vie consciente ou une échappatoire. Ce processus n'est pas sans risque : il peut se révéler totalement inutile, ou prendre au piège avec des apparences, il peut surtout bouleverser la personnalité d'un individu. Reste enfin à souligner que l'imagination active peut aussi bien être une cause qu'une fin en soi : dans le premier cas, c'est l'expression d'une situation psychologique personnelle, dans le second, ce processus indique un possible développement psychologique individuel ou collectif ; il devient alors « la principale marque de l'activité spirituelle artistique ». L'artiste n'est donc pas seulement celui qui représente la réalité, mais il est aussi ce que la réalité crée, modèle, éduque : ses œuvres, en fait, sont les « symboles qui esquissent les lignes d'un développement futur ».

REFOULEMENT
Lors de ses premières tentatives de soins concernant les patients hystériques, Freud s'aperçoit d'une donnée clinique très fréquente chez ces malades. Il constate, en effet, que quelques souvenirs ont été « perdus » ; pourtant, une fois qu'ils ont été retrouvés, ils maintiennent toute leur force

font partie de notre monde conscient, et comme telles, peuvent être reproduites par nous tous, plus ou moins fidèlement et avec un résultat plus ou moins heureux. Les « objets » peints par Picasso ne semblent pas vouloir représenter les choses du monde extérieur. Ils nous apparaissent plutôt comme des signifiants de son « monde intérieur ». À la différence de la simple reproduction objective, l'art de Picasso traduit les processus psychiques de l'inconscient, qu'ils soient personnels ou collectifs, en symboles picturaux. L'aventure créative naît de la descente dans l'inconscient, du détachement du monde extérieur. « Ce qui arrive par la suite, écrit Jung, est encore exprimé dans les formes et les images du monde diurne, mais fait allusion à un sens caché et, par conséquent, à un caractère symbolique. Ainsi Picasso commence par des carrés, encore concrets, bleus : le bleu de la nuit, de la lumière lunaire, de l'eau [...]. » Des tonalités qui se retrouvent dans ses

Pablo Picasso.
Le vieux juif, *1903.*
Musée Pouchkine, Moscou.

et leur vivacité : « Il s'agissait de choses que le malade voulait oublier et qu'intentionnellement il maintenait, repoussait, refoulait hors de sa pensée consciente. » De cette constatation est née la théorie du refoulement : « [...] la pierre angulaire sur laquelle repose tout l'édifice de la psychanalyse », comme l'écrit Freud dans Zur geschichte der Psychoanalytischen Bewegung.
Cette découverte s'affine, d'un point de vue théorique, entre les années 1911 et 1915, quand l'auteur détermine et distingue trois types – qui peuvent également être vus comme trois phases – de refoulement : le refoulement originel, le refoulement postérieur (qui n'est autre que le refoulement proprement dit) et le retour du refoulement.
Le concept de refoulement originel se trouve pour la première fois dans le célèbre travail du père de la psychanalyse sur le cas Schreber. Dans ce contexte, Freud décrit la première phases du refoulement comme une fixation : une « inhibition du développement ». Mais il développe ailleurs ce concept ; par exemple, dans Die Verdrängung, *il écrit : « Nous avons donc des motifs suffisants pour admettre un refoulement originel, c'est-à-dire une première phase du refoulement qui consiste à refuser l'accès à la conscience au représentant psychique. » Il ne peut facilement*

■

D'après vous, pourquoi Pollock a-t-il choisi la* Crucifixion *comme cadeau de départ pour son analyste ?
Quel en est le sens ?
À quel processus psychologique fait-il allusion ?

Une détrempe, aux tons francs, qui représente une crucifixion dans le fond, trois figures tordues qui semblent rouler sur elles-mêmes au premier plan. C'est le cadeau que fit Pollock à son analyste au terme de sa thérapie, quand le docteur Henderson quitta New York pour la Californie. Un des rares travaux, parmi toutes ses œuvres, pour lequel il avait préparé des esquisses. C'est justement une de ces esquisses qui nous dévoile quelques hypothèses possibles d'interprétations. Un détail très intéressant, présent déjà dans l'esquisse, est l'attribution d'une couleur à chacune des quatre figures, qui apparaîtront par la suite dans le tableau définitif. Cette particularité rappelle la subdivision jungienne des types psychologiques : bleu pour la pensée, vert pour la sensation, jaune pour l'intuition, rouge pour le sentiment. Une première hypothèse suggère que la crucifixion est un symbole constitué par des couleurs. Mais peut-être est-ce trop simple. Le docteur Henderson pense que Pollock possédait une excellente intuition, qui devait être « sauvée » par le recours à une totale solitude, semblable à celle de la crucifixion : en effet, c'est la figure jaune (jaune : intuition) qui est représentée sur la croix. La position de Lee Krasner, la veuve offensée, est beaucoup plus dure : elle a, au contraire, souvent fait référence au fait que Pollock était négativement impliqué dans la thérapie analytique. Enfin, dernière hypothèse, on pourrait supposer que ce fut Henderson, d'une manière plus ou moins explicite, qui proposa à l'artiste l'utilisation de ces couleurs. De cette façon, Pollock aurait probablement pensé rendre hommage à son analyste par une œuvre d'une valeur psychologique particulière. Chacun est libre de choisir l'hypothèse qui lui convient le mieux…

déduire que le refoulement originel ne regarde pas une pulsion en tant que telle, mais ses effets (ses représentants), qui ne peuvent accéder à la conscience. Il se forme ainsi un premier noyau inconscient, qui fonctionnera à l'avenir comme un pôle d'attraction originel par rapport au matériau à refouler.
Le refoulement postérieur devient alors un double processus qui réunit en lui cette attraction avec la répulsion exercée par une instance supérieure. En termes plus simples, on peut dire que, par cette phase de refoulement, on cherche à maintenir ou à repousser dans l'inconscient des pensées, des images ou des souvenirs liés à une pulsion qui, si elle était satisfaite, apporterait du plaisir, mais pourrait aussi se heurter contre une instance d'un degré supérieur.
La troisième phase, enfin, le retour du refoulement, est responsable des symptômes des névroses, des rêves, des lapsus, des actes manqués, etc. Pour comprendre ces derniers, il est en effet nécessaire d'avoir bien présent à l'esprit que, quand quelque chose a été refoulé, cela n'est jamais détruit, au contraire, cela cherchera de nouveau à revenir sur le « devant de la scène », même si c'est d'une manière déformée ou sous forme de « compromis symptomatique ».

Pablo Picasso.
Paul en habit d'Arlequin, *1924.*
Musée Picasso, Paris.

œuvres initiales connues comme sa « période bleue » ; parmi celles-ci : *Le Vieux Juif, Le Vieux Guitariste, La Vie.* Le processus créatif, le Moi de l'artiste, la subjectivité plongent dans l'obscure mer de l'inconscient : c'est la confrontation avec la mort, une situation terrifiante. Mais toute cette souffrance a un but. C'est le prix qu'il faut payer pour accéder à la créativité pure : Picasso, au contact de l'inconscient, se transforme et exprime ce changement dans les nombreux tableaux où il apparaît sous la forme d'un tragique Arlequin ; tels que *Arlequin et sa Compagne, La Toilette de la mère, Paul en habit d'Arlequin.* La rencontre avec l'inconscient est âpre, cruelle, très risquée : éléments qui apparaissent dans ses tableaux sous la forme mythologique du taureau et du cheval. Dans la Corrida des taureaux de la collection Ganz de New York, chaque symbole du tableau nous porte à considérer cette dramatique rencontre : le taureau noir et le cavalier bleu sont enchevêtrés dans un entrelacement d'arêtes, de bouches féroces, de cornes pointues, de puissants sabots. Au terme de son « voyage créatif », Picasso réussit à être en contact avec les replis les plus profonds de l'inconscient collectif. Son art devient universel dans un de ses plus grands chefs-d'œuvre : *Guernica.* Dans ce tableau, deux symboles que nous connaissons apparaissent de nouveau ; le taureau et le cavalier. Pourquoi ? Quel est leur sens ? (Lisez l'encadré ●.)

Pablo Picasso.
Corrida, *1934.*
Collection Victor W. Ganz, New-York.

Pablo Picasso. Guernica, *1937. Centro Nacional de Arte Reina Sofia, Madrid.*

Quelle est la valeur symbolique du taureau ? Comment un spectacle aussi tragique que la corrida peut-il fasciner ? Pourquoi Picasso peignit-il Guernica *?*

En avril 1937, des escadrilles allemandes bombardèrent la ville de Guernica. Ce fut une tragédie : il y eut 1 654 victimes. Cet événement toucha Picasso, et lui inspira l'un des plus grands chefs-d'œuvre de sa production picturale : Guernica.

Dans le tableau, parmi les images de corps déchirés de douleur, apparaît de nouveau un thème typique de son œuvre : la lutte entre le taureau et le cavalier. Un thème qui, comme nous l'avons vu, a été repris plusieurs fois par Pollock. Considéré individuellement, le taureau peut représenter la virilité, la puissance, le déchaînement de la violence, la pénétration d'un principe masculin dans un principe féminin, la passion animale. Dans le couple antithétique qu'il forme avec le cavalier, le drame, la mort, le désir de rébellion contre la corrida sont mis en évidence ; en effet, beaucoup d'auteurs ont vu dans cette dernière la représentation symbolique du meurtre de la « bête intérieure », qui, par sa force animale, nous rend responsable des gestes les plus scélérats. Ce procédé, survenant dans l'arène et non en nous, nous libère ainsi. Picasso, profondément touché par le bombardement de Guernica, dénonça la monstruosité et les abominations de son temps et, préfigurant la tragédie de la guerre, des chambres à gaz, des camps d'extermination, produisit une œuvre d'art de valeur universelle, dans laquelle la mythologie du taureau s'identifiait au drame de la cité basque : c'est l'anticipation d'un carnage qui, au cours des années suivantes, impliquait dans la lutte le monde entier.

Si, pour le simple individu, la compensation agit comme un mécanisme régulateur de l'inconscient, dans cette œuvre, elle anticipe les atrocités d'un conflit ourdi depuis longtemps…

Don Giovanni dans la prison des femmes

Même si la légende de don Giovanni plonge ses racines dans l'ambiance chrétienne du Moyen Âge, il n'est connu que depuis une époque relativement récente. Le *Don Giovanni* de W.A. Mozart est en effet représenté pour la première fois en octobre 1787.

On raconte qu'après l'énorme succès remporté par un autre chef-d'œuvre de Mozart, *Les Noces de Figaro*, le directeur du théâtre royal de Prague aurait demandé au musicien de composer une nouvelle œuvre offrant un premier rôle au jeune et solide baryton italien qui avait participé au succès des *Noces*. Le parolier, Lorenzo Da Ponte, pensa mettre en scène l'histoire d'un libertin débauché : don Giovanni. La légende raconte qu'en septembre 1787 – moins de deux mois avant la première – Mozart avait encore à écrire la plus grande partie de l'œuvre et que l'ouverture fut composée seulement deux jours avant sa mise en scène ! En tout cas, grâce au considérable génie dont l'artiste était sans nul doute doué, l'opéra fut accueilli de manière triomphale, et Mozart, lui-même, dirigea les quatre premières représentations.

Bref rappel de la trame dramatique en guise d'introduction à notre évocation analytique…

Dans la première scène du premier acte, don Giovanni, se faisant passer pour don Ottavio, le fiancé d'Anna, réussit à pénétrer dans la maison du commandeur, le père de celle-ci. Son unique objectif est de la séduire. Leporello, le valet de don Giovanni, fait le guet afin que son maître ne soit pas découvert. Une porte s'ouvre à la volée, à l'improviste : c'est don Giovanni qui s'échappe, poursuivi par Anna, indignée. Le commandeur, attiré par les cris, tombe sur le libertin qui le provoque en duel, le tue, et s'enfuit avec son valet. La scène s'achève avec la promesse solennelle de don Ottavio de venger la mort du père d'Anna. L'opéra s'ouvre donc sur les lamentations de Leporello : le valet de don Giovanni se plaint de son destin de serviteur, contraint de faire la sentinelle pour son maître. Nous sommes tout de suite happés par le tragique : la fuite de don Giovanni, le duel, la mort du commandeur. Mais Leporello apporte une nuance comique :

Don Giovanni : *Leporello, es-tu là ?*

Leporello : *Ici, pour ma disgrâce. Et vous ?*

D. G. : *Je suis ici.*

Lep. : *Qui est mort ? Vous ou le vieux ?*

D. G. : *Que demandes-tu, nigaud ! Le vieux.*

Lep. : *Bravo ! Vos exploits font la paire : forcer la fille et pourfendre le père.*

Don Giovanni, *acte I, scène I.*
Teatro Regio di Parma, saison 1993/94.

Un personnage complexe, que celui de Leporello, qui oscille continuellement entre la tragédie et le comique : deux réalités qui coexistent, pas seulement dans le même personnage, mais qui caractérisent toute l'œuvre, qui, justement, a toujours été définie comme un « drame burlesque ».

Qui serait particulièrement intéressé par un approfondissement psychologique de la figure de Leporello le trouvera dans l'encadré ▲...

Donna Anna échappe à don Giovanni. Arrive alors le commandeur qui se trouve impliqué dans un duel mortel. D'après Hermann Abert – essayiste et musicologue allemand réputé, auteur d'une grande biographie critique sur Mozart – « le choix de la tonalité est symptomatique, le sol mineur initial n'est en rien la tonalité du pathos tragique, mais celui de la douleur passionnée. [...] Seulement après [...], le ré mineur commence à étendre son ombre sur les deux duellistes ».

Nous devons noter que, dans l'ouverture, apparaît déjà le ré mineur à côté du ré majeur de la seconde partie : est-ce un présage à la véhémence de la rencontre des deux forces opposées qui créent le choc dramatique ?

Dans l'encadré ■ nous pouvons voir quel est le sens de la rencontre entre le commandeur et don Giovanni, ainsi que les contenus

LE ÇA

Le Ça représente, dans la seconde théorie de Freud sur la constitution de l'appareil psychique, le pôle pulsionnel de la personnalité. L'auteur emprunte ce terme à Groddeck, qui lui-même le tenait de son maître, un fervent admirateur de Nietzsche : « [...] ce qui ne nous est pas personnel et, pour ainsi dire, nécessaire par nature dans notre être », ce sont les mots auxquels recourait le réputé philosophe pour désigner le Ça.
Comme tout le monde le sait, son contenu est inconscient : d'une part, en partie héréditaire et inné et, d'autre part, refoulé et acquis. Le concept du Ça est décrit comme le principal réservoir de l'énergie psychique, alors qu'il se heurte et entre en conflit avec le Moi et le Surmoi, qui ne sont autres que les différenciations du premier.
Enfin, le Ça ne semble pas être doté d'un monde propre bien organisé. Il semble même être privé de quelque structure interne que ce soit : le Ça est un « chaos » : « Il se remplit d'une énergie provenant des pulsions, mais il n'a pas d'organisation, il ne promeut aucune volonté géné-

▲

Quelle signification psychologique a la figure de Leporello ? Pourquoi ne réussit-t-il pas à abandonner don Giovanni, qu'il méprise pourtant ? En quoi consiste son ambivalence ?

Dans le Don Giovanni *de Mozart, à la différence des autres versions qui l'ont précédé, Leporello est l'unique personnage capable de gestes d'un grand comique, bien qu'il alterne ce comique avec des moments de profonde tragédie. Il en résulte une figure ambivalente jusque dans les sentiments qu'il nourrit envers son maître, puisqu'il l'aime et le blâme à la fois.*

Mais Leporello est finalement assez semblable à son maître : en fin de compte, ce qui les différencie, c'est seulement le degré de réalité par lequel leurs actions pèsent sur toute l'histoire et sur leur vécu personnel. En d'autres termes, Leporello rêve de faire ce que don Giovanni réalise. Si la dimension du premier est d'être, celle du second est de paraître. Plusieurs fois, Leporello critique et méprise son maître, mais il ne réussit pourtant pas à se séparer de lui : au fond, il s'agit d'un homme petit, lâche, peureux.

C'est comme s'ils étaient indispensables l'un à l'autre, ou mieux, comme s'ils faisaient partie l'un de l'autre. C'est ainsi que survient le changement d'identité qui trompe Elvira et sa femme de chambre, un déguisement qui valide la thèse selon laquelle on voit en Leporello un double de don Giovanni : son Ombre, diront les psychanalystes. Une Ombre craintive, inférieure, victime de l'imagination et de la nécessité d'apparaître ; une Ombre qui se substitue au Moi de l'incorrigible libertin. C'est ce qui arrive, par exemple, dans l'air du Catalogue *(cinquième scène du premier acte), quand le serviteur s'identifie à l'image du maître et, jouissant d'un éphémère plaisir énumère ses conquêtes.*

rale », écrivait Freud. Son essence ne peut donc qu'être définie sur un mode négatif, en opposition avec le monde organisé du Moi.

MOI

Dans son second topique sur l'appareil psychique, Freud distingue le Moi du Ça et du Surmoi. Il est en tout cas opportun de noter que la notion de Moi n'endosse un sens psychanalytique « fort » qu'après la mise au point de la seconde conjecture.

D'un point de vue topique, le Moi, qui a le devoir de représenter les intérêts de la personnalité dans sa globalité, se retrouve à faire la médiation entre les exigences du Ça, les impératifs du Surmoi et les données de fait de la réalité.

Du point de vue dynamique, le Moi est responsable de la réalisation des mécanismes défensifs qui se dressent dès la perception d'un signal d'angoisse (Freud utilisa ce terme pour indiquer

psychologiques que nous pouvons attribuer à l'image du commandeur.

Dans la deuxième scène, une femme voilée avance en larmes, pendant que Leporello est en train de chapitrer son maître. Celui-ci s'aperçoit des pleurs de la femme. Il veut la consoler, mais reconnaît les traits de donna Elvira : une de ses multiples et superficielles amours. Réprimandé également par celle-ci, don Giovanni lui conseille de parler avec son valet et disparaît à la hâte. Donna Elvira apprend la conduite dissolue de son amant de la bouche de Leporello, qui, après lui avoir récité l'interminable liste des conquêtes de son maître, se sauve également.

Dans la troisième scène, don Giovanni as-

■

Quelles forces sont à l'origine de la rencontre entre le commandeur et don Giovanni ? Quelle est sa signification psychologique ? Que représente le commandeur ?

Certains auteurs ont interprété cette rencontre comme la lutte entre le Bien et le Mal : bien sûr c'est le premier qui gagne, par une sorte d'ordre éthique supérieur. Si nous nous arrêtions à cette considération, le problème serait réglé, mais d'une manière par trop superficielle. Pour d'autres auteurs, don Giovanni et le commandeur représentent deux « types » sociaux opposés, pour l'époque et la culture du XVIe siècle. Le premier est un libertin. Un libre penseur qui se dérobe aux obligations, un réfractaire à la religion et à la Tradition. Un personnage socialement « dangereux », parce que capable de transgresser les codes et de refuser le système de la culture dominante. C'est pourquoi le don Giovanni de Mozart a souvent recours au mensonge, afin d'atteindre ses objectifs. L'image du commandeur est, au contraire, pétrie de valeurs chevaleresques de la culture du XVIe ; il représente l'instrument d'une justice divine, que tous doivent défendre au nom de l'ordre et de la vertu. Mais la rencontre entre

Don Giovanni, *acte II, scène V. Teatro Regio di Parma, saison 1988/89.*

ces deux personnages ne doit pas forcément être interprétée comme un conflit manichéen, ou comme une affrontement mettant en jeu la culture et la structure sociale d'une époque.
Il existe également une interprétation psychologique dans laquelle don Giovanni incarnerait la force, l'instinct et la pulsion du Ça, opposés à la rigueur, l'autorité, la moralité du Surmoi, représentées par le commandeur.

Don Giovanni, *acte I, scène III.*
Teatro Regio di Parma, saison 1993/94.

siste au cortège nuptial de Masetto et Zerlina. Attiré par la grâce de cette dernière, il charge Leporello de distraire le futur époux ; il peut ainsi courtiser la jeune femme, laquelle céderait à ses avances sans l'intervention providentielle d'Elvira.

Surgissent également donna Anna et don Ottavio, à la recherche du meurtrier du commandeur : don Giovanni feint impunément de les aider, mais Anna le reconnaît, et il est obligé de fuir à nouveau. Dans la quatrième et la cinquième scène, Masetto doit, pour la seconde fois, déjouer la tentative de don Giovanni pour séduire Zerlina, puis celui-ci est de nouveau contraint de fuir lorsque don Ottavio, Anna et Elvira le démasquent. Cette énième fuite marque la fin du premier acte.

Dans la deuxième scène du deuxième acte, don Giovanni s'amourache de la femme de chambre d'Elvira ; il oblige alors Leporello à lui prêter ses vêtements : le serviteur, pourtant écœuré par le comportement de son maître, accepte de mauvais gré. Quand Elvira s'éloigne avec Leporello – qu'elle croit être son amant et séducteur –, don Giovanni commence sa sérénade de courtisan, qui sera interrompue par la jalousie de Masetto, et se terminera par une sévère bastonnade.

un dispositif élaboré par le Moi en cas de situation dangereuse). Il représente donc, dans le conflit névrotique, l'aspect défensif de la personnalité. Le Moi est le lien entre les différents processus psychiques ; mais dans les mécanismes défensifs, les tentatives pour organiser l'énergie psychique pulsionnelle revêtent un caractère forcé, répétitif et très éloigné des donnée réelles : comme cela peut par exemple se produire dans les phobies.

NARCISSE
Narcisse, raconte le mythe grec, était un jeune homme si beau que la nymphe Écho tomba amoureuse de lui. Privée de la parole par Héra, la femme de Zeus – elle ne pouvait, en fait, que répéter les dernières syllabes que l'on prononçait –, Écho ne put déclarer son amour à Narcisse. Repoussée par celui-ci, incapable de supporter la douleur, elle mourut de chagrin.
Les dieux, stupéfaits de la cruauté avec laquelle Narcisse avait traité Écho, décidèrent de le punir : ils le rendirent amoureux de sa propre image. Selon la prophétie, Narcisse mourrait en contemplant son reflet...

Mais retournons, pour l'heure, à l'analyse de la vie de don Giovanni.

La caractéristique de son personnage est qu'il se retrouve toujours au centre des préoccupations, même lorsqu'il n'est physiquement pas présent sur scène. Il est la force qui dynamise les autres personnages. Comment un personnage, aussi important et, par certains côtés, également positif, peut-il se comporter d'une manière aussi fausse ? Par exemple, dans la première scène du deuxième acte, lorsqu'il veut prendre les vêtements de Leporello pour conquérir le cœur de la femme de chambre d'Elvira :

Don Giovanni : *C'est assez, as-tu le courage*
d'exécuter mes ordres ?
Leporello : *Oui, mais laissez les femmes.*
D. G. : *Laissez les femmes ? folie !*
Laisser les femmes ? Pour moi,
elles sont plus nécessaires que ma
nourriture et que l'air que je respire !
Lep. : *Vous les trompez toutes, l'une après*
l'autre !
D. G. : *Je les aime toutes !*
Être fidèle à l'une,
c'est dédain pour les autres !
Moi, pénétré d'un sentiment si vaste,
je suis tout à toutes ;
Puis, pour les femmes qui raisonnent mal,
mon trop bon naturel est perfide !

Par ces mots, don Giovanni dénonce également sa propre incapacité à vivre sans les femmes. Est-ce un séducteur libertin ou un esclave des femmes ? Est-ce lui qui les conquiert ou le séduisent-elles ? Enfin, est-il vraiment capable d'aimer ?

Une réponse à ces questions est développée dans l'encadré ●.

Retournons à l'histoire de don Giovanni, afin de pouvoir en connaître le dénouement.

Dans la deuxième scène, le serviteur, qui porte encore sur lui les habits de son maître, subit les lamentations et les reproches d'Elvira, trompée par le déguisement.

Mais surgissent Anna, Masetto, Zerlina et

Cela se produisit lorsqu'il aperçut sa propre image réfléchie par les eaux limpides d'une source. Narcisse, amoureux de son image, ne voulut plus abandonner ce lieu. Il succomba, de langueur et d'épuisement, et se transforma en un narcisse, la fleur qui orne les sources.
D'après Alexander Lowen – psychanalyste réputé et auteur d'un bel essai sur le sujet –, Narcisse, en repoussant Écho, repousse aussi sa propre voix : la voix intérieure, l'expression de son être intérieur. Narcisse n'est pas capable d'écouter l'Anima, diront les analystes jungiens, évoquant la fonction par laquelle les processus inconscients entrent dans le champ de la conscience.
Freud parla pour la première fois de « narcissisme », quand il s'aperçut que quelques individus focalisaient leur libido sur eux-mêmes, par un mouvement qui les conduisait seulement à eux-mêmes, au lieu de les adresser vers l'extérieur, vers les autres. Le père de la psychanalyse se pencha sur la destination des pulsions de ces individus, plutôt que de les considérer d'un point de vue qualitatif. Comme il ressort de ses études, il obtint deux définitions : une pour le narcissisme primaire, ou plutôt un amour pour soi qui exagère la capacité d'aimer les autres,

don Ottavio, qui découvrent la supercherie : cette scène se referme sur le désespoir d'Elvira.

La troisième scène se déroule dans un cimetière, où les deux compères se sont réfugiés pour se restituer leurs habits respectifs. Mais,

Don Giovanni, *acte II, scène V. Gravure du XIXe siècle.*

accompagnée par les accords menaçants de l'orchestre, on entend une voix qui annonce la mort de don Giovanni : c'est la statue funèbre du commandeur qui parle. Don Giovanni, nullement atterré, invite à dîner la statue qui répond par un signe d'assentiment. Dans la quatrième et la cinquième scène, Anna se refuse à épouser don Ottavio tant que son père n'aura pas été vengé, pendant que, dans la salle à manger de son château, don Giovanni refuse les suppliques d'Elvira qui le prie de changer de vie. On entend frapper à la porte. Leporello, pris de peur, se remémore ce qui s'est passé au cimetière : c'est pourquoi il refuse d'ouvrir la porte. Don Giovanni le fera lui-même. La statue du commandeur, qui vient à peine d'entrer, Leporello et d'autres voix qui lui font écho lui intiment l'ordre de se repentir ; il refuse fièrement et s'enfonce, englouti dans la terre par les flammes de l'enfer. Arrivent tous ceux à qui le grand séducteur avait fait du tort, pour se venger, mais désormais il est trop tard ! Ainsi

l'autre pour le narcissisme secondaire, ou plutôt l'incapacité de reconnaître la distinction entre le Soi et les objets extérieurs.

Un autre psychanalyste de grande réputation, Heinze Kohut, critique l'approche de Freud, parce que la théorie freudienne lui semble trop centrée sur le principe de plaire – la tendance à la satisfaction psychique immédiate. Kohut cherche donc à définir le caractère narcissique par rapport à la nature et à la qualité des charges pulsionnelles. L'auteur parle d'énergies de nature archaïque, dotées d'un pouvoir énergétique élevé, avec lequel le sujet heurte les autres en les percevant de manière narcissique comme « l'objet-Soi » et sur lesquels il prétend, comme le ferait un enfant, pourvoir exercer un contrôle magique et absolu. Ce contrôle, que l'enfant croit pouvoir exercer sur les autres, est plus proche du contrôle qu'un adulte peut exercer sur son propre corps et sur son propre esprit que celui qu'il prétend avoir sur les autres et sur les objets du monde extérieur.

s'achève l'histoire, sur la retraite au couvent d'Elvira et les épousailles de Masetto et Zerlina. Leporello devra quant à lui se mettre en quête d'un nouveau maître.

Pourquoi Mozart conclut-il, paradoxalement, par un allègre sextuor ? Vous pourrez trouver une explication de ce paradoxe dans l'encadré ●.

●

Êtes-vous des don Juan ? Conquérir de nombreuses femmes vous donne-t-il un sentiment de liberté ? Ou êtes-vous prisonnier de ce rôle ?

Don Giovanni est incapable d'aimer. Après avoir possédé une femme, le voilà déjà affairé à courir après une autre proie. Il ne peut même pas laisser passer un instant, car il ne peut courir le risque de tomber amoureux. La plaisanterie est le moyen qu'il utilise pour ses conquêtes, sans s'apercevoir qu'un tel fait se répercute aussi sur lui : toujours à la recherche d'une femme, mère ou madone, une image à laquelle il est si lié qu'il ne peut même pas imaginer de la trahir. En fin de compte, don Giovanni trahit plus de mille fois pour ensuite ne jamais trahir vraiment l'image de sa propre mère, à laquelle il reste indissociablement lié. Il n'est pas seulement incapable d'aimer, il est également incapable d'éprouver de vrais sentiments. En cela, il a quelque chose de Narcisse, *parce que ses charges affectives restent isolées à l'intérieur du personnage, complètement tournées vers lui-même. Don Giovanni est piégé, enfermé et complètement étouffé, dans la dissolution de l'étreinte maternelle, dans une fusion qui lui fait perdre toute possibilité de communiquer ses propres sentiments et affections pour les autres. C'est pour cela qu'il sera précipité, à la fin, dans les flammes, dans le magma primitif de la Terre, dans l'obscurité de l'inconscient. Par l'ironie du sort, ce qui l'y précipite, c'est le Convive de Pierre et.... don Giovanni est lui-même de pierre vis-à-vis des femmes. Une fin terrible, qui ne s'accorde pas avec le sextuor allègre de Mozart. Une éventuelle explication à cette apparente discordance serait qu'il s'agit d'une mort précédant une renaissance physiologique : mort et renaissance comme croissance psychologique et réalisation, à la fin, d'une nouvelle personnalité.*

Don Giovanni, *interprété par le baryton français Jean-Baptiste Faure. Civica Raccolta Bertarelli, Milan.*

Le malade imaginaire de Molière

Dans *Le Malade imaginaire*, Molière explore la profondeur de l'âme, en révélant les peurs, les phobies, les obsessions. Mais l'œuvre n'est pas dénuée d'humour.

La satire qui émerge, même si parfois elle nous fait réfléchir, veut avant tout divertir et distraire. C'est ce qui se produit dans la première scène du troisième acte, entre Argan, le malade imaginaire, son frère Béralde et la servante Toinette.

Béralde : *Hé bien ! mon frère, qu'en dites-vous ? Cela ne vaut-il pas bien une prise de casse ?*

Le malade imaginaire.
Teatro Nuovo di Spoleto, saison 1973/74.

Toinette : *Hon ! De bonne casse est bonne !*

Béralde : *Oh çà ! voulez-vous que nous parlions un peu ensemble ?*

Argan : *Un peu de patience, mon frère, je vais revenir.*

Toinette : *Tenez, Monsieur, vous ne songez pas que vous ne sauriez marcher sans bâton.*

Argan : *Tu as raison.*

Argan peut être défini comme le prototype littéraire du malade imaginaire, toujours préoccupé de son physique, attentif au moindre trouble, complètement et uniquement dévoué au soin de son corps. Une personne qui est prise de la certitude de mourir si elle se trouve abandonnée par son médecin de confiance, le docteur Purgon, qui se vexe et tonne :

Monsieur Purgon : *Et je veux qu'avant qu'il soit quatre jours vous deveniez dans un état incurable.*

Argan : *Ah ! miséricorde !*

Monsieur Purgon : *Que vous tombiez dans la bradypepsie.*

Argan : *Monsieur Purgon !*

Monsieur Purgon : *De la bradypepsie dans la dyspepsie.*

Argan : *Monsieur Purgon !*

Le malade imaginaire.
Teatro Nuovo di Spoleto, saison 1973/74.

Monsieur Purgon : *De la dyspepsie dans l'apepsie.*

Argan : *Monsieur Purgon !*

Monsieur Purgon : *De l'apepsie dans la lienterie.*

Argan : *Monsieur Purgon !*

Monsieur Purgon : *De la lienterie dans la dysenterie.*

Argan : *Monsieur Purgon !*

Monsieur Purgon : *De la dysenterie dans l'hydropisie.*

Argan : *Monsieur Purgon !*

Monsieur Purgon : *Et de l'hydropisie dans la privation de la vie, où vous aura conduit votre folie.*

Mais quelle est la véritable folie ? Celle du frère d'Argan, qui cherche à le soustraire à l'acharnement thérapeutique du docteur Purgon ? Ou celle du médecin qui s'acharne contre des maladies physiques inexistantes ? N'y a-t-il pas le risque que la médecine elle-même rende malade le patient ? Ou aggrave son état ? Ces arguments sont repris et discutés plus en profondeur dans l'encadré ▲.

Mais cela est un problème que le protagoniste de la comédie ne prend pas du tout en considération. En effet, il serait prêt, pour s'assurer les soins continuels dont il croit avoir besoin, à marier sa fille aînée à un médecin et sa fille cadette à un pharmacien.

Argan est donc atteint d'une maladie imaginaire, qui est le fruit de son activité imaginative, centrée sur la supposée présence de maladies dans son corps, lesquelles, en vérité, ne relèvent ni d'une altération anatomique ni d'une altération fonctionnelle. Sommes-nous en présence d'une véritable maladie ? Ou s'agit-il d'une fiction, d'un expédient, d'une simulation ? Les plus récents manuels de statistiques et diagnostics – par exemple, le DSM-III-R déjà cité – considèrent la « maladie imaginaire » comme un trouble psychiatrique, comparable aux plus grandes maladies mentales : schizophrénie, dépression, hystérie, etc. Si vous voulez tenter de faire un diagnostic, choisissez parmi les propositions de l'encadré ★ celle qui vous paraît la plus adaptée pour décrire le trouble d'Argan.

Pourquoi Argan continue-t-il à se croire malade ? Alors que, d'un point de vue physique, il ne souffre d'aucun trouble ! Vous trouverez une réflexion sur le sujet dans l'encadré ■.

▲

N'avez-vous jamais été un malade imaginaire ? Pensez-vous qu'il s'agisse d'une vraie maladie ou d'une tromperie ? Selon vous, est-ce un problème médical ou psychologique ?

Argan est affecté par une maladie qui n'existe pas, si nous limitons notre champ d'observation aux lésions organiques, anatomiques ou fonctionnelles. Alors que, d'un point de vue psychologique – soit intrapsychique, soit au regard des composantes relationnelles et communicatives –, nous sommes devant une véritable maladie mentale. Il est désormais admis par les plus grands spécialistes que ces malades éprouvent réellement de la souffrance, en dépit de l'absence de lésions organiques. Il est donc évident qu'ils s'adressent à un médecin pour tenter de trouver un remède à leur souffrance. Le comportement du docteur Purgon est remarquable, que ce soit dans son incapacité à comprendre que les douleurs d'Argan appartiennent à la sphère psychologique, ou pour son comportement de type iatrogène : caractérisant une intervention qui aggrave l'état du patient ou, dans les cas les plus graves, qui est responsable de la maladie. Par toutes ses visites, toutes ses prescriptions, tous ses conseils médicaux, le docteur Purgon renforce le vécu hypocondriaque de son patient, au lieu de dénoncer le véritable trouble, de nature psychologique.

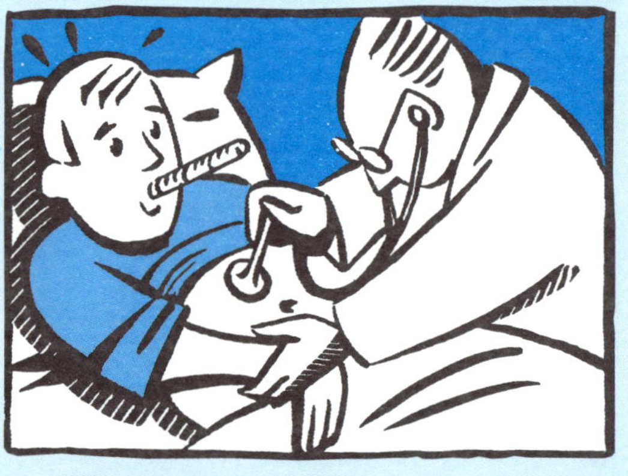

HYPOCONDRIE

Chaque homme vit avec son corps, ou mieux vit grâce à son corps ; toutefois, en général, il ne s'en préoccupe pas excessivement. De ce fait, la plupart d'entre nous ne sont pas, sauf à certains moments, terrorisés par la mort ou la maladie. Dans l'hypocondrie, appelée aussi pathophobie, il y a, au contraire, une inquiétude exagérée, continuelle et immotivée de sa propre santé physique.
L'angoisse de la mort et de la maladie attaque sans trêve le corps et l'esprit de l'hypocondriaque. Il arrive ainsi que certaines désagréables sensations d'origine somatique soient investies d'une importance disproportionnée, en l'absence d'un réel trouble organique. Le patient est souvent convaincu d'avoir une grave maladie : le cancer, la tuberculose, le sida. D'autres fois, il est convaincu que quelque chose croît dans son corps ou que certaines parties de celui-ci sont en train de se transformer. Dans ce dernier cas l'hypocondrie se présente souvent comme une première étape vers la psychose (un trouble psychiatrique qui se différencie des névroses par la perte du contact avec la réalité).
D'un point de vue psychanalytique, dans l'hypocondrie, sont contenus soit des mécanismes de

Ici nous nous limitons à remarquer que chaque névrose, et peut-être ceci est-il valable pour toutes les maladies mentales, comporte quelques avantages secondaires comme la déresponsabilité, le droit au repos, la suspension d'une activité professionnelle. En effet, ainsi qu'à un blessé à qui l'on ne demande pas d'aller se battre, on ne demande pas à un malade d'aller travailler... Argan a donc d'excellents motifs pour ne pas guérir ! Mais son frère et la servante interviennent pour déjouer ses plans.

Toinette, déguisée en médecin, fera vaciller pour la première fois sa confiance aveugle en la médecine.

Toinette : *Que diantre faites-vous de ce bras-là ?*

Argan : *Comment ?*

Toinette : *Voilà un bras que je me ferais couper tout à l'heure, si j'étais que de vous.*

Argan : *Et pourquoi ?*

Toinette : *Ne voyez-vous pas qu'il tire à soi toute la nourriture, et qu'il empêche ce côté-là de profiter ?*

Argan : *Oui, mais j'ai besoin de mon bras.*

Toinette : *Vous avez là aussi un œil droit que je me ferais crever, si j'étais en votre place.*

Argan : *Crever un œil ?*

Toinette : *Ne voyez-vous pas qu'il incommode l'autre, et lui dérobe sa nourriture ? Croyez-moi, faites-vous le crever au plus tôt, vous en verrez plus clair de l'œil gauche.*

Argan : *Cela n'est pas pressé.*

[...]

Argan : *Me couper un bras, me crever un œil, pour que l'autre soit mieux ? J'aime bien mieux qu'il ne se porte pas si bien. La belle opération de me rendre borgne et manchot !*

Béralde, ensuite, le convaincra de se faire passer pour mort. De cette façon, il pourra

conversions qui déplacent les conflits inconscients sur le plan somatique, soit des mécanismes de régression qui maintiennent le sujet à mi-chemin entre une maladie réelle et une maladie simulée.

NÉVROSES

Les névroses sont des troubles psychologiques caractérisés par des altérations du comportement individuel de type quantitatif, qui se manifestent surtout dans le champ de l'affectivité. Le cas des psychoses est bien différent, marqué par un comportement bizarre et souvent incompréhensible pour les patients qui en sont affectés.
D'un point de vue très général, nous pouvons dire que, dans les névroses, les différentes composantes de la personnalité individuelle ne sont pas affectées de manière irréversible. La sonnette d'alarme qui révèle un déséquilibre est l'apparition d'une tension émotive notable : « la douleur de l'âme ». Cette tension se manifestera dans la vie psychique et somatique de chaque individu de façon différente : parfois en endossant les caractéristiques nosologiques d'une névrose particulière.

★

QUEL EST LE BON DIAGNOSTIC ?

Ces dernières années, les manuels ont permis de faciliter la pratique des diagnostics psychiatriques.

Le lecteur pourra lui aussi chercher à faire son diagnostic, en choisissant parmi les solutions proposées ci-dessous celle qui est la plus adaptée au malade imaginaire de Molière. Il s'agit de versions simplifiées des catégories diagnostiques proposées dans la troisième version du Manuel des diagnostics et statistiques des troubles mentaux *(DSM-III-R).*

A) NÉVROSE OBSESSO-COMPULSIVE

1. Idées, pensées ou impulsions récurrentes et persistantes, privées de sens ou désagréables, qui envahissent la conscience.

2. Comportement répétitifs et stéréotypés, qui n'ont pas de but en soi, mais apportent une atténuation de l'angoisse.

3. Ces idées et ces comportements sont la cause d'un malaise ou interfèrent dans l'activité sociale ou professionnelle.

B) NÉVROSE PHOBIQUE

1. Peur d'être seul.

2. Peur de rester dans des lieux publics : les places, les tunnels, les ponts, les moyens de transports, desquels la fuite peut s'avérer impossible.

3. On évite les situations qui, par expérience, provoquent des angoisses.

4. Cela compromet une activité quotidienne normale.

C) NÉVROSE HYPOCONDRIAQUE

1. Interprétation non réaliste de tout signe physique ou pathologique.

2. Peur et profonde conviction d'avoir une grave maladie.

3. Cette peur persiste en dépit des paroles rassurantes du médecin.

Ainsi naît une classification des troubles névrotiques, qui distingue au moins sept types différents de névroses : dépressive, phobique, hystérique, obsesso-compulsive, hypocondriaque, neurasthénique, anxieuse. La distinction la plus connue est celle proposée par Freud entre les névroses actuelles (causées par une altération des fonctions somatiques de la sexualité) et les psychonévroses (où prédomine un conflit psychique). Plus généralement, nous pouvons dire qu'il s'agit de troubles psychologiques où un conflit psychique est représenté de manière symbolique par une symptomatologie produite par le malade. Le plus souvent, ce conflit plonge ses racines dans l'histoire infantile du sujet et offre un compromis entre ses désirs et les forces qui s'opposent à leur réalisation. Cette interaction est altérée, quand une structure psychique est équilibrée, et se réalise entre le Ça et le Surmoi, par l'intermédiaire du Moi.

PSYCHOSES

À la différence de ce qui se produit pour les névroses, dans les psychoses, nous nous trouvons confrontés à un trouble qualitatif du comportement individuel, qui correspond à une altération de

4. Un examen soigné n'accrédite pas le diagnostic d'un quelconque trouble organique.

Si vous avez choisi cette dernière hypothèse, l'hypocondrie, bravo ! Les actions et pensées attribuées par Molière à Argan sont les indices d'un trouble hypocondriaque.

constater aussi bien la haine de Béline que l'amour de sa fille Angélique :

Béline : *Le ciel en soit loué ! Me voilà délivrée d'un grand fardeau.*
Que tu es sotte, Toinette,
de t'affliger de cette mort !
[...]

Angélique : *Ô ciel ! Quelle infortune !*
Quelle atteinte cruelle ! Hélas !
Faut-il que je perde mon père, la seule chose qui me restait au monde ?

Ainsi, Angélique obtiendra le droit d'épouser Cléante, à qui – évidemment – Argan demandera de se faire médecin. Mais Béralde ne laissera pas échapper cette occasion et proposera à son frère de devenir lui-même médecin...

la personnalité souvent incompréhensible pour nous, et peut changer – d'une façon complètement disparate – toutes les fonctions psychiques et somatiques du sujet qui en est affecté.
Les caractéristiques de ces troubles sont la perte de l'examen de réalité (on n'est plus capable de distinguer ce qui est réel de ce qui ne l'est pas) et une sensation de diffusion corporelle (notre corps ne semble plus avoir de limites, on se sent monstrueusement détendu voire inexistant, on perçoit ses propres mains, son propre visage et jusqu'à ses organes internes, profondément transformés).
Le cadre symptomatologique de ce trouble est extrêmement varié. Il peut intéresser le langage, avec des néologismes et des agrammatismes qui peuvent le précipiter dans le chaos, dans une espèce de « salade de mots ». Il peut toucher l'esprit. Surgissent alors des idées délirantes : idées illogiques qui ne peuvent être correctes puisqu'elles ne correspondent pas à la réalité et qui concernent les thèmes les plus discordants : mystico-religieux, philosophique, cosmique, persécutoire, érotique, de grandeur ou de décadence, etc. Il peut altérer le monde des perceptions (on aura alors des hallucinations auditives, olfactives, visuelles) ou bien celui de l'affectivité, qui sera considérablement appauvri. Enfin, des troubles comportementaux : apathie ou excitation

■

Pourquoi Argan ne guérit-il pas ?
Veut-il réellement guérir ?
Et vous, ne vous êtes-vous jamais réfugié dans la maladie ?

Nous avons déjà dit que l'un des motifs pour lequel Argan ne guérit pas réside dans l'approche médicale employée par le docteur Purgon qui, en dernière analyse, favorise la maladie. Mais il y a un autre point à prendre en considération : les avantages secondaires dont tout trouble psychiatrique permet de jouir. Parmi ceux-ci, nous trouvons la déresponsabilisation, la possibilité de ne pas travailler, la possibilité de fuir tout projet ou tout devoir – sinon celui de se faire soigner –, mais également la possibilité d'attirer l'attention des autres, d'obtenir leur affection, de se sentir choyé et soigné. Tout reste valable, même si l'on reconnaît que ce qui cause la maladie est essentiellement un problème psychologique. C'est pourquoi une approche moderne devrait tenir compte des aspects relationnels et des contenus du message hypocondriaque afin de mettre en évidence les problèmes qui empêchent d'affronter la vie.

maniaque, boulimie et anorexie, catatonie et agitation psychomotrice et autres, peuvent également se manifester.
La théorie proposée par Jung, d'un point de vue psychodynamique, est fort intéressante : un phénomène de possession (on utilise ce terme pour indiquer un contenu inconscient qui s'approprie le Moi de l'individu et le domine totalement) de la personnalité de l'âme consciente par l'âme inconsciente, qui s'affirme de manière telle que ni la volonté ni la logique ne réussissent à la freiner ou à la contrôler.
L'inconscient – dans une situation d'extrême perméabilité entre conscient et inconscient dans laquelle, au moins en partie, le Moi du patient est responsable, fragile et peu structuré – envahit alors la conscience dont il assure immédiatement le contrôle, la submergeant par des contenus chaotiques, primitifs, nombreux, énergétiques : les archétypes de l'inconscient collectif. Toutefois – et là réside la grande intuition de Jung –, si l'imprévisible langage de l'inconscient, qui s'exprime par symboles, réussit à être communiqué ou intégré au monde de la conscience, la maladie mentale pourrait produire un effet « thérapeutique » sur l'âme individuelle...

Perversions et altérité d'Emma Bovary

Si les révolutions de 1830 et de 1848 font espérer, en France, un monde plus libre, les années suivantes, de 1850 à 1870, sont marquées par le retour à l'autorité. Une époque caractérisée, outre les progrès commerciaux et industriels, par une grande activité mondaine : promenades, bains de mer, fréquentation des salons, deux Expositions universelles – celles de 1855 et de 1867 –, cures en stations thermales... Ces mondanités se pratiquent avec une affectation de bon ton, glorifient le dandysme et les manières entrées en vigueur dans la bonne société. Par contraste et par réaction se développe un certain intérêt pour le réalisme, voire la trivialité, qui génère quelques courants artistiques.

Contre les déformations artificielles, la banalité et le snobisme s'érige le courant littéraire du réalisme, qui, paradoxalement, veut interdire la poésie « sous peine de mort » : comme il l'est d'ailleurs proposé dans un projet de loi présenté par un des fondateurs de ce mouvement ! Mais l'œuvre des grands maîtres du réalisme – par exemple celle de Gustave Flaubert ou de Charles Baudelaire – se situe dans une position intermédiaire entre ces deux attitudes extrêmes, cherchant à accorder le quotidien avec les exigences esthétiques de la production artistique. Cette génération d'artistes lutte contre la dictature du pseudo « bon goût » de l'époque ; chacun de leur succès est donc un scandale : l'*Olympia* de Manet, la musique de Wagner, l*es Fleurs du Mal* de Baudelaire, *Madame Bovary* de Flaubert. Étrange destin que celui de ces deux derniers auteurs. Ils naissent, en effet, tous deux en 1821 ; et seront poursuivis en justice la même année, en 1857, par le même procureur, Ernest Pinard, à

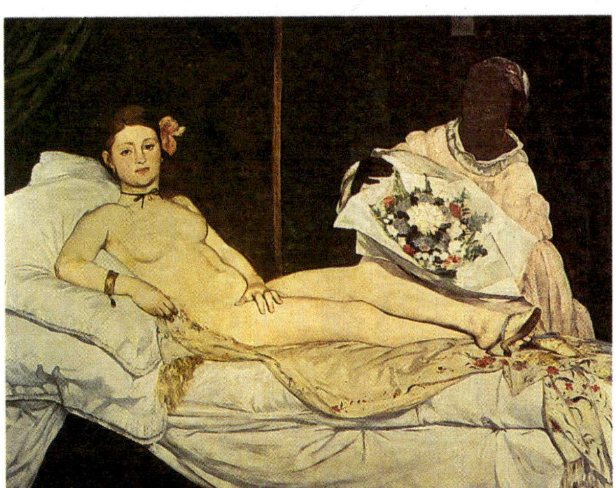

Édouard Manet.
Olympia, *1863.*
Musée d'Orsay, Paris.

cause de leurs écrits ; ils détestent tous deux l'ignorance et les lieux communs, et se dédient complètement à la recherche artistique ; de l'art, ils en aiment la vérité et la liberté.

Sur les conseils de quelques amis, Flaubert tente un « coup d'essai » en écrivant *Madame Bovary* : un roman d'observation, inspiré d'une histoire vraie. L'écrivain est un observateur attentif, presque impitoyable, qui se dispose à sonder l'âme, tel un chirurgien qui se prépare à disséquer un cadavre. À l'époque, il ne manqua pas, en effet de critiques pour affirmer que cet auteur utilisait sa plume comme un scalpel. Une analyse franche et réaliste de la vie quotidienne le porte à nourrir un profond pessimisme par rapport à l'« éternelle misère du tout ». C'est pourquoi, peut-être plus que quiconque, il connaissait l'angoisse de l'écriture.

Madame Bovary est l'héroïne de son roman, une femme inquiète, liée par les restrictions contractuelles du mariage – comme le définit très correctement le terme de « Madame » –, contracté avec Charles Bovary, un médecin falot et intellectuellement pauvre. « Madame », en tout cas, ne renonce pas à ses passions adultérines et, très souvent, ne satisfait même pas à ses devoirs de mère, devenant ainsi un personnage assez désagréable, voire dangereux pour les idéaux bourgeois de l'époque. Toutefois l'évidence et l'improductivité de ses transgressions sont si manifestes qu'elles n'ont même pas la force de la faire émerger de la banalité et de la médiocrité qui l'entourent.

Dévorée par l'ennui

que son rôle de femme de médecin de province comporte, dans sa tentative de donner un sens à sa vie, Emma Bovary se jette dans les bras de Rodolphe Boulanger : l'amour qu'elle éprouve pour cet homme est plus que ce qu'elle n'avait jamais espéré de toute sa vie. Mais pour le cœur de pierre de Rodolphe, elle n'est autre qu'une des nombreuses femmes au foyer à la recherche d'une aventure.

Qu'en pensez-vous ? Le cynique Rodolphe a-t-il raison ? Ou est-ce lui, avec son cœur de pierre, qui ne mérite pas la servile adoration de la pauvre Emma ?

Une autre question qui s'adresse essentiellement aux lectrices : ne vous est-il jamais arrivé de rester avec un homme qui vous traite mal, vous laisse insatisfaite, vous humilie ? Et pourtant vous ne parvenez pas à le quitter ? Si le sujet vous intéresse, lisez l'encadré ▲.

Quoi qu'il en soit, la relation entre les amants atteint un point de rupture : à la veille de leur fuite, Rodolphe quitte Emma, qui sombre dans une profonde dépression. Quelques mois après, partiellement remise, Emma rencontre, par hasard, un de ses anciens et platoniques amants, Léon Dupuis, et décide de provoquer les choses de manière à ce qu'il puisse la séduire. Mais c'est pourtant elle, à la fin, qui prend l'initiative, contrôlant la relation, et retrouvant le temps de l'excitation et de l'amour. C'est elle, cette fois, qui domine son compagnon : il ne reste à Léon qu'à faire l'esclave. Enfin Charles Bovary, le malheureux époux d'Emma, qu'elle avait épousé dans l'espoir de satisfaire ses ambitions, mourra en tenant entre ses doigts une boucle des cheveux de sa femme...

Quel est le secret de cette histoire ? Que se cache-t-il derrière le voile superficiel de la banalité ? Qu'est-ce qui, dans cette histoire, a tellement attiré et attire aujourd'hui encore tant de femmes, peut-être plus que d'hommes ? (lisez l'encadré ■).

FÉTICHE

Comme chacun sait, les fétichistes portent leur intérêt sexuel sur des fétiches, qui deviennent la clé de voûte de leur vie érotique. Les fétiches peuvent être des objets : lingerie intime, chaussures, peignes, ou des parties du corps : les pieds, les cheveux, les seins, etc. Évidemment, c'est la fixité du désir et l'incapacité de trouver un exutoire aux pulsions sexuelles d'une autre manière qui, dans ce cas, établissent le comportement fétichiste.

Dans le fétichisme de l'adulte, on peut facilement percevoir la persistance d'un comportement « normal » décelable chez l'enfant. En effet, dans les premiers mois, il n'est pas capable de percevoir le corps de la mère comme entier puisqu'il n'en voit que des fragments : le sein, le visage, les mains...

Cette perception fragmentaire du monde extérieur rassure l'enfant par rapport à l'angoisse de la séparation d'avec sa mère, et détermine un attachement, d'abord aux parties du corps aimé, puis aux objets de la réalité extérieure. Ainsi un enfant peut être attaché, dans un premier temps, au sein maternel, puis se prendre d'affection, de façon exagérée, pour un ours en

▲

Êtes-vous amoureuse d'un homme qui vous traite mal ?
L'aimez-vous et le détestez-vous en même temps ?
Vous ne réussissez pas à vous séparer de lui ?

Il fut étrange le destin de cette femme qui fut prise en otage au cours d'un hold-up à Stockholm : elle finit par être amoureuse de son kidnappeur. Pour expliquer cet événement, on mit en cause les plus diverses théories psychanalytiques et les sentiments de culpabilité, le manque d'estime de soi, l'incapacité de vivre de façon autonome : attitudes typiques, d'après certains, du monde féminin ! Plus que tout autre chose, cette histoire met en évidence le désir d'être uni, de manière symbiotique, à une autre personne. Un désir, comme le savent les psychanalystes, qui trouve son origine dans l'enfance, et résulte de l'aspiration à réintégrer la quiétude du sein maternel. Ambivalente par rapport à sa propre capacité à être autonome, se sentant seule et ayant besoin de protection, épouvantée, cette femme cherchait la sécurité dans la symbiose : une aveugle dévotion dans laquelle on s'abandonne complètement à l'autre, mais dont on attend une présence constante. Il n'est pas facile d'accepter l'idée d'une femme qui, pour fuir l'insécurité, s'abandonne dans les bras de son propre kidnappeur, au point d'oublier les principes de base de la justice. Il s'agit de quelqu'un qui choisit de vivre dans un monde symbiotique, de rester à un niveau inférieur à son développement psychologique, pour ne pas se définir comme individu en soi.
Si vous vous trouvez aussi dans cette situation, si l'idée d'être autonome déchaîne les pires sentiments de culpabilité, si vous ne vivez pas pleinement vos affections, si vous restez liée à une personne qui vous tourmente, il est possible que vous soyez affectée du syndrome de Stockholm. Les femmes acceptent la soumission « pour éviter d'être vraiment elles-mêmes », résumait Simone de Beauvoir...

peluche, que jamais il n'oubliera, au moins durant un long moment, de prendre au lit avec lui : un très bon ami pour affronter la nuit ! Freud lie ce fétichisme à l'angoisse de castration, qui se manifeste quand l'enfant s'aperçoit, en voyant les organes génitaux féminins, que la femme est privée de pénis. Pour Donald Winnicott, pédiatre et psychanalyste, le fétichiste – tourmenté par cette symbolique de castration – ne peut porter à terme l'acte sexuel que grâce au fétiche, qui fonctionne comme un « pont » – ou un objet transactionnel – entre le sujet et l'objet de son désir. Quoi qu'il en soit, les diverses interprétations psychanalytiques de ce phénomène conçoivent le fétiche comme un objet qui permet la réalisation d'un acte sexuel qui serait autrement empêché par l'angoisse de la castration.

PERVERSION
Par ce terme, on désigne habituellement un comportement sexuel non prévu par la norme. Évidemment, le problème est de savoir déterminer ce qu'est un comportement sexuel normal... D'après Freud, ce comportement correspond à celui d'un individu qui a parcouru toutes les

Une psychanalyste réputée, Louise Kaplan, a expliqué dans un de ses essais comment, dans ce roman, apparaissent quatre médecins, tous, de sexe masculin.

Charles Bovary, comme nous l'avons déjà vu, est un médecin de province, qui se rend responsable d'une intervention chirurgicale maladroite l'obligeant à amputer tragiquement un patient. Ce qui met Charles dans cette situation, c'est le besoin de notoriété de sa femme et l'esprit innovateur de monsieur Homais. Celui-ci est le deuxième médecin à apparaître dans l'histoire. Même si, en réalité, il s'agit d'un pharmacien, toujours imbu de sa personne et au courant des dernières nouvelles, plusieurs fois dénoncé pour l'exercice abusif de la profession médicale. Le troisième médecin est un chirurgien réputé, un homme courageux, avec des nerfs d'acier, un de ceux qui ne renoncent jamais : c'est lui qui cherchera à sauver la vie de l'infortuné patient : monsieur Canivet. Puis, il y a le docteur Larivière, qui appartient à une génération de médecins philosophes, qui aiment leur profession et l'exercent avec sagacité, altruisme et enthousiasme.

Quatre médecins, donc ! Et le père de Flaubert était, lui aussi, médecin. Un hasard ? Impossible !

Le lecteur qui voudra en savoir plus sur cette coïncidence pourra lire l'encadré ●. Ici, nous nous bornons à rapporter l'intéressante observation que Kaplan, auteur de l'essai, note dans son texte : « Qu'est-ce qu'une perversion ? » Si nous avions posé cette question à nos quatre médecins, chacun d'eux aurait probablement répondu différemment. Il vous semblera peut-être étrange d'associer ce chef-d'œuvre de Flaubert à la trivialité, la bassesse, l'infamie des comportements pervers. Mais il ne s'agit toutefois pas d'une association hasardeuse.

Durant la rédaction de *Madame Bovary*, Flaubert resta en étroit contact avec sa maî-

étapes du développement psychosexuel individuel. Un individu qui surmonte la phase orale et phallique manifeste une sexualité génitale hétérosexuelle. Chaque comportement qui dévie de ce cadre, soit en ce qui concerne le choix de l'objet sexuel (comme cela se produit dans l'homosexualité et dans la pédophilie), soit en ce qui concerne le but sexuel (comme, par exemple, dans le fétichisme, l'exhibitionnisme, le sadomasochisme), serait classé dans les perversions sexuelles.

Cette définition a pourtant été amplement critiquée. Dans les années 1980, le DSM-III-R a retiré l'homosexualité, qui fut par ailleurs rebaptisée « paraphilie », des perversions sexuelles.

Même en adoptant un point de vue plus large, quelques comportements sexuels sont toujours considérés comme des perversions : la pédophilie, la zoophilie, la nécrophilie.

Quel est le secret de Madame Bovary ? Qu'est-ce qui la lie aux hommes ? Pourquoi cela plaît-il tant aux femmes ?

D'après Louise Kaplan, on peut supposer qu'il y a eu un moment, dans l'enfance de Madame Bovary, probablement vers ses deux ans, où elle s'est aperçue du fait qu'elle ne pouvait pas disposer à son gré de sa mère, dont dépendait sa propre survie. En effet, celle-ci, comme le font toutes les mères, vaquait à d'autres occupations. Emma, elle, l'aurait voulue rien que pour elle, tellement son besoin de protection et de sécurité était fort. Que faire ? Comment tolérer une situation aussi pénible et précaire ? Normalement, il arrive – à travers les différentes étapes du développement individuel – que la fillette accepte de renoncer à cette prétention « exagérée », et son geste « héroïque » est compensé par l'acquisition d'un nouveau type d'amour et d'un sentiment de puissance, qui accompagne une plus grande autonomie et la découverte du monde extérieur. Mais parfois, la fillette ne réussit pas à surmonter cette perte : pourquoi les parents se comportent-ils soudain de manière différente ? Pourquoi ne l'aiment-ils plus ? Quelle a été sa faute ? Il naît alors un sentiment d'inadéquation, de faute, d'infériorité, qui l'accompagne pour toute la vie. Si, par la suite, adulte, elle essaie d'introduire un élément de plaisir dans son existence, comme pourrait l'être une expérience érotique, elle refoule l'alternance de la perte et des retrouvailles amoureuses. Le sentiment de culpabilité, éprouvé depuis l'enfance, fait naître un désir de vengeance pour la personne qui donne cet amour et qui peut le reprendre à son gré. Cette femme qui s'enfonce dans la conviction qu'elle ne vaut rien veut avoir des rapports sexuels avec des hommes forts, importants et influents qui lui feront surmonter son sentiment d'inéquation. De cette manière, elle devient une partie d'eux-mêmes, un prolongement : en idéalisant le pénis – qu'elle sait ne pas posséder –, elle se trouve dans une position éternelle d'infériorité, d'esclavage, qui, tôt ou tard, la poussera à la révolte. C'est pourquoi Emma Bovary est devenue « l'esclave d'amour » de Rodolphe : parce qu'il est fort, cynique, calculateur, qu'il sait jouer le jeu de la séduction qu'il module avec des menaces d'abandon. Mais il se produit quelque chose d'étrange, qui défie l'évidence : Emma séduit Léon, c'est à son tour de commander, à lui revient le rôle de serviteur, de soumis, d'homme asservi au pouvoir d'une femme. Charles et Léon avaient trouvé en elle leur partie féminine, Emma s'était libérée et avait retrouvé sa partie masculine en Rodolphe : mais depuis le jour de son mariage, il était clair qu'Emma devait tenir le premier rôle dans la scène de ses noces et que Charles serait confiné dans un rôle secondaire. Peut-être avons nous compris pourquoi ce roman plaît tant aux femmes ?

tresse – la poétesse Louise Colet –, qu'il ne réussissait pas à aimer physiquement plus d'une douzaine de fois dans l'année ; tout en gardant jalousement ses pantoufles dans l'écritoire, de temps en temps, il les sortait pour les caresser et pour sentir leur odeur, mélangée à celle d'un mauvais rhum.

D'ailleurs, à chaque page du roman, nous nous heurtons à quelques **fétiches** : serviette en forme de couvre-chef épiscopal, boîte à cigares de soie verte, couffin en forme de barque, fusil aux poignées d'or et d'argent... Mais, plus que tout autre chose, ce qui endosse les caractéristiques d'objet fétiche, ce sont les idées fallacieuses de progrès ou d'appartenance sociale. Si bien que, pour un comportement qui confond le fantasme avec la réalité et pousse à préférer les rêves éveillés à la réalité de la vie quotidienne, a été inventé un nouveau terme : le bovarysme.

Emma Bovary est dominée par des sentiments hostiles qui la porteraient, plus ou moins consciemment, à détester son mari, mais, inévitablement, ils se transforment en sentiments de culpabilité, en peur du vide, de l'abandon et en sentiment de castration. Il s'agit de la énième répétition du traumatisme originel, dont la représentation prévoit la mise en scène du drame enfantin d'une fillette qui a dû subir la perte, vécue en ce temps comme immotivée, injuste et inacceptable, de l'amour de sa mère, durant les premiers mois de sa vie (Une réflexion sur ce thème se trouve dans l'encadré ■.)

●

Quatre médecins accompagnent les aventures d'Emma : d'après vous, s'agit-il d'un hasard ?
Le père de Flaubert était également médecin, est-ce aussi un hasard ?

Reprenons le jeu proposé par Kaplan, en nous demandant ce qu'auraient répondu les quatre médecins qui apparaissent dans le roman à la question : qu'est-ce qu'une perversion ?
D'après l'auteur, Charles, en bon médecin de province, habitué à gérer des situations concrètes, ne se serait certainement pas épouvanté devant un patient qui aurait manifesté un comportement pervers : il n'aurait probablement pas été capable de comprendre ce qu'est réellement une perversion. Monsieur Homais, le pharmacien obsédé par la normalité, aurait cherché une « recette pour la contenir », et s'il ne l'avait pas trouvée, il se serait adressé à toute institution apte à atteindre ce but : hôpitaux, prisons ou autres, pour soustraire ces infamies de sa vue. Monsieur Canivet, le chirurgien toujours sûr de lui et de ses capacités professionnelles, aurait traité la perversion comme un organe infecté à amputer. Enfin, le docteur Larivière, qui appartient aux sages, aurait compris que le niveau le plus superficiel des perversions, celui qui se manifeste, n'est pas le plus signifiant : pour comprendre leur véritable sens, il faut aller au-delà de l'apparence.
Chacun de nous a donc une conception différente de ce qui est pervers, et ce jugement est fortement conditionné par ce que nous croyons être le modèle socialement accepté du « masculin » et du « féminin ».

Flaubert, fils de médecin, a probablement projeté dans ces images de médecins les connaissances que son père lui avait transmises, en tant qu'idéalisation des comportements masculins socialement acceptés. En cela se trouve l'intuition géniale de Kaplan : si l'homme cache ses propres perversions sous différents uniformes, comme par exemple une tenue de « macho », pourquoi ne pouvons-nous pas supposer que la femme les cache sous des attentions obsessionnelles de mère modèle, de femme au foyer parfaite, complètement dévouée à son mari ? Ou pis encore, sous couvert d'un modèle féminin socialement imposé et caractérisé par la passivité, la soumission, la dépendance.
Cela nuancerait l'opinion généralement répandue, qui nie pratiquement l'existence des perversions féminines...

Les contes et les mythes

Qui a inventé les contes ? Qui a inventé l'histoire des dieux : le mythe ? Personne ne peut répondre. Mais nous savons que la fable et le mythe ont souvent pour sujet les exploits transmis par les légendes. Connaissons-nous celui qui les a inventées ? Non. Mais nous pouvons tout de même progresser vers une solution, en considérant que les contes et les mythes sont le fruit de l'imagination de l'homme : même lorsqu'ils ont été élaborés à partir d'un fait réel, celui-ci sera de toute façon enrichi de détails, immergé dans une atmosphère magique ou héroïque, « interprété » par des animaux qui parlent et des hommes hors du commun ou bien par les dieux de l'Olympe...

Nous pouvons encore affirmer que les contes et les mythes sont l'expression du psychisme individuel, si nous prenons en considération l'acte créatif de chacun, ou bien du psychisme collectif, si nous prenons en compte les contenus archétypiques. On peut par conséquent « jouer » à les interpréter de la même façon que les rêves ou les œuvres d'art...

L'initiation d'Aladin

Ne vous est-il jamais venu à l'esprit d'écrire un livre ? Imaginons que si. Supposons aussi que vous ayez eu la bonne idée d'écrire un conte ; dans ce cas, il commencerait probablement par : « Il était une fois… »

Cette entrée en matière implique que l'histoire racontée dans les pages à suivre ne peut se situer dans une époque historique précise. Ce début, en effet, la lie immédiatement à une dimension « métahistorique ». La plupart des contes commencent de façon similaire et se poursuivent par une indication de lieux où l'histoire se déroule « dans un antique village », « dans un pays lointain », « dans un château ». Une indication spatiale qui, en définitive, est imprécise, pauvre, lointaine et présente à la fois.

En commençant ainsi le récit d'un conte,

on signifie que les aventures décrites se sont déroulées dans le passé, mais qu'elles se vérifient aujourd'hui et se représenteront dans l'avenir. Tout cela n'est pas un hasard. L'explication est simple : les contes représentent les conflits psychiques qui tourmentent depuis toujours – et tourmenteront toujours – les individus, c'est pourquoi ils doivent se projeter dans une « métadimension » : au-delà du temps, au-delà de l'espace.

On peut ainsi distinguer le sens le plus profond du conte : les psychanalystes parlent de leur « **contenu latent** ».

Chaque personnage peut donc être perçu comme une partie de nous-mêmes. Si le protagoniste de votre récit est un héros ou un chevalier qui doit affronter une terrible épreuve, cela évoque certainement les obstacles que le Moi surmonte au cours du développement psychologique. Et si ce héros devait sauver une princesse, cela voudrait dire que le Moi (la conscience) doit se confronter avec l'âme (l'inconscient), en intégrant un point de vue différent du sien, peut-être plus féminin...

Un vieux roi, faible et incapable de gouverner son royaume, pourrait personnifier un problème du cadre social, de l'image, du rôle que nous devons assumer. Dans ce cas, les psychanalystes parleraient d'un problème qui concerne la **personne** : cette partie psychique, présente en chacun de nous, qui sert de relais entre le Moi et le monde extérieur alors que, comme nous l'avons déjà vu, Anima et Animus servent de relais entre le Moi et le monde inconscient.

Que signifient, d'après vous, des images aussi communes que celle de la marâtre, du domestique cruel ou du courtisan corrompu ? Ils représentent l'Ombre (notre partie obscure, celle que nous n'acceptons pas et que nous ne voulons pas voir de nous-mêmes).

Les contes décrivent donc des problématiques et conflits inhérents à notre psychisme. Les héros de ces histoires parlent de notre monde inconscient, tout comme le font les rêves et les œuvres d'art. Mais avec une différence : n'ayant pas été produites, ces images sont « typiques », c'est-à-dire détachées d'une quelconque référence à la vie concrète d'une personne déterminée.

Parmi les contes les plus célèbres, nous avons choisi d'analyser un passage d'*Aladin et la Lampe merveilleuse.* Il s'agit d'un extrait qui fait clairement référence à un processus d'**individuation** : la recherche d'une personnalité plus complète, plus riche, plus mûre.

Aladin est l'unique enfant d'un tailleur pauvre ; celui-ci était si pauvre qu'il arrivait à peine à nourrir sa famille et ne réussissait pas à éduquer son fils, qui continuait « à passer son temps sans jamais rien réaliser » ; de cette grande peine, le père tomba malade et mourut peu après. Aladin ne succomba pas à l'angoisse, il ne se désespéra pas, il ne fut pas pris de remords ; au contraire, il profita de la mort de son père pour s'adonner encore plus à l'oisiveté. Il arriva ainsi jusqu'à ses quinze ans.

Le personnage d'Aladin n'est ni bon ni mauvais. Il s'agit simplement d'un héros négatif : un individu dont le Moi n'est pas en harmonie avec les autres composantes psychiques.

Dans le conte apparaît aussi un magicien qui feint d'être le frère de son père mort et, par divers subterfuges liés à des promesses d'argent, de beaux vêtements et d'une vie aisée, il convainc Aladin, au début ignare, de le suivre dans un très long voyage (dont vous trouverez le sens dans l'encadré ▲).

Aladin se laisse très facilement séduire par le magicien, et sa mère est également dupée, au point de ne pas se rappeler que son mari n'avait pas de frère ! S'agit-il de deux idiots ? Pour comprendre, mieux vaut ne pas céder aux tentations moralistes : or, argent, habits, et autres promesses ont une signification psychologique. Ils représentent probablement une tentative puérile de « grandir » – du point de vue de la psychologie individuelle – et d'obtenir une bonne image sociale sans souffrir, selon la devise : « tout et tout de suite »...

Voici les instructions que le magicien donne à Aladin : « Descends dans cette caverne, quand tu seras au bas de l'escalier que tu vois, tu trouveras une porte ouverte qui te conduira dans une grande pièce divisée en trois salles, l'une à la suite de l'autre. Dans chacune d'entre elles, tu verras, à droite et à gau-

che, quatre vases de bronze, grands comme des cuves, pleins d'or et d'argent, mais garde-toi bien d'y toucher ! Avant d'entrer dans la première salle, retire ta veste et enroule-la bien autour de ton corps. Quand tu seras entré, va dans la deuxième salle sans t'arrêter, et de là, dans la dernière, toujours sans t'arrêter. Surtout, garde-toi bien de t'approcher des murs et de les toucher, même avec un pan de ton habit : si tu les frôles, tu mourras sur l'instant ! C'est pourquoi, je t'ai dit de bien draper ta veste autour de toi. »

Pourquoi Aladin ne peut-il pas s'approcher des cuves pleines d'or et d'argent ? Pourquoi doit-il bien enrouler sa veste autour de lui ? Pour comprendre la symbolique de l'or et de l'argent, reportez-vous à l'encadré ■.

Les instructions du magicien continuent : « Au fond de la troisième salle, il y a une porte qui donne sur un jardin où poussent de beaux arbres chargés de fruits ; marche toujours tout droit et traverse ce jardin en suivant un sentier qui te conduira à un escalier de cinquante marches, menant à une terrasse. Quand tu seras sur la terrasse, tu verras devant toi une niche, et dans cette niche une lampe allumée ; prends la lampe, éteins-la, et quand tu auras jeté la mèche et vidé le liquide, prends-la contre ton sein et porte-la-moi. N'aie pas peur de salir tes vêtements : le liquide n'est pas de l'huile, et la lampe restera totalement sèche quand tu l'auras versé. Si les fruits du jardin te font envie, tu pourras en cueillir à ton gré : cela ne t'est pas interdit. »

Quel sens psychologique revêt cette descente dans la grotte ?

Enfin, quel est le sens symbolique du voyage, qui atteint son apogée avec la possession de la lampe ?

Les contes sont des emblèmes de l'inconscient collectif et leurs contenus incons-

CONJUNCTIO OPPOSITORUM

L'alchimie est une science empirique du passé, qui souvent recourt, dans la réalisation de ses pratiques, à des cérémonies et des rites de type magique. De nos jours, on s'en souvient surtout pour la transformation du plomb en or et aussi pour le fameux « élixir de longue vie » : un mélange qui serait un remède universel et garantirait, à qui le boit, une éternelle jeunesse.

Jung observa l'alchimie d'un point de vue symbolique, il ne se préoccupa donc pas de la véracité scientifique : il découvrit que les alchimistes projetaient leurs processus psychiques intérieurs dans l'activité alchimique ; leur pratique était accompagnée d'expériences émotionnelles intenses et d'un profond bouleversement spirituel. Selon cette optique, les recherches alchimiques offrent une claire métaphore de la croissance et du développement de l'âme individuelle.

La conjunctio oppositorum *est un symbole alchimique qui indique l'union, entre elles, de deux substances différentes : « un mariage » qui donne naissance à un nouvel élément doué de grands pouvoirs, dus à la conjonction des « opposés » qui le constituent. La* conjunctio opposi-

▲

Quel sens revêt le voyage d'Aladin ? Pourquoi les incursions dans des mondes souterrains sont-elles si fréquentes dans les fables ? Et vous, ne rêvez-vous jamais de descendre dans une grotte ?

Dans les contes comme dans les rêves, le thème de la descente dans un monde souterrain – représenté soit par une grotte, soit par une longue volée d'escalier ou, en ces temps plus modernes, par une descente en ascenseur ! est très fréquent. De manière symbolique, on représente ainsi la « descente » dans l'inconscient : c'est évidemment un parallèle entre le monde et l'inconscient, le monde obscur de la caverne et la quiétude et l'isolement de la vie intra-utérine. Le Moi conscient, pour se renouveler, doit en effet puiser dans la sage source de l'inconscient. La descente d'Aladin, qui finira par le conduire jusqu'à la lampe enchantée, représente le passage entre le monde de la lumière et celui des ténèbres, entre le monde de la forme et de l'informe : un voyage secret, obscur, inconscient, qui précédera le voyage solaire. Le sens de ce passage – qui coïncide par un thème mythologique que nous retrouvons dans la tradition de tous les peuples – réside dans le désir de renaître par l'intermédiaire d'une régression dans l'utérus maternel, de devenir un héros solaire, plein de force. La libido, libérée des anciennes chaînes maternelles, sera exprimée par le retour à la lumière. Le but de cette descente dans le monde souterrain est de se régénérer pour une nouvelle vie.

torum *est donc un symbole des processus psychiques de mort, de renaissance et de transformation, qui ont lieu dans l'âme de chacun de nous.*
Nous le vivons souvent dans nos rêves, sous forme de projections symboliques : le mariage d'un homme et d'une femme, les noces du roi et de la reine, l'union d'un chien et d'une chienne, du coq et de la poule, du Soleil et de la Lune. Jung a écrit : « L'homme sans relation ne possède pas la totalité, [...] *la totalité consiste en la combinaison du Moi et du Toi,* [...] *laquelle essence ne peut être saisie que symboliquement, par exemple au moyen du symbole du rotundum, de la rose, de la roue ou de la conjunctio Solis et Lunae. »*

CONTENU LATENT/MANIFESTE

Depuis leur apparition sur la scène de la psychanalyse – qui se produisit en 1900 avec Freud dans L'Interprétation des rêves *–, ces expressions furent proposées l'une auprès de l'autre, car elles relèvent d'une relation de réciproque complémentarité.*

cients sont à l'origine des symboles qui, s'ils se glissent et s'intègrent dans la conscience, peuvent produire un changement significatif chez l'individu. La Belle au bois dormant doit attendre cent ans le héros qui la délivre de son sommeil enchanté. Blanche-Neige, prisonnière d'un sommeil mortel, enfermée dans un cercueil de verre, attend le prince qui la libérera. Le même thème de mort et de renaissance est présent

Tous les produits de l'inconscient – qu'ils soient lapsus, actes manqués, œuvres d'art, rêves, récits, mythes ou fables – sont doués soit d'un sens latent, soit d'un sens manifeste.
Si nous prenons comme exemple un rêve, son contenu manifeste est représenté par le récit du rêve lui-même, ainsi que le relate le rêveur, avant qu'il n'y ait intervention analytique. Mais son contenu latent ne pourra être éclairé qu'au terme d'une interprétation psychanalytique. De ce fait, le premier est soumis à la censure onirique qui le déforme, le masque, ou le cache par l'effet des processus de condensation et de déplacement.
En termes plus simples, on peut dire que si le contenu manifeste désigne le rêve avant qu'il ne soit soumis à une interprétation psychanalytique, le contenu latent est le résultat qu'atteint l'analyse : la version originale, complète et véridique du rêve.

INDIVIDUATION

Le concept d'individuation occupe une partie non négligeable de la psychologie analytique chez Jung. Cet auteur a en effet défini ce processus comme « le processus de formation et de ca-

■

Quel sens symbolique a l'or ?
Et l'argent ?
Pourquoi ne peut-il même pas les toucher ?

Dans la correspondance symbolique entre métaux et planètes, l'argent représente la Lune, le principe féminin, et s'oppose traditionnellement à l'or : le principe actif, solaire, masculin. Blanc et luisant, l'argent est aussi symbole de pureté, de franchise, de rectitude et de fidélité. Dans la symbolique chrétienne, il représente en effet la sagesse, alors que l'or est l'indice de l'amour de Dieu pour les hommes. Le métal jaune est souvent associé, même dans les cultures très différentes de la nôtre, à la perfection, à la connaissance, à la félicité, au feu purificateur. Mais or et argent, d'un point de vue éthique, deviennent des objets de la cupidité humaine, montrant ainsi toute leur ambivalence : si, dans leur couleur et dans leur brillance, on peut entrevoir des qualités positives, les métaux précieux, transformés en viles monnaies, deviennent le symbole de la déchéance d'une conscience supérieure, de la perversion de leur valeur, de l'avidité humaine. Aladin est au début de son parcours initiatique : il ne peut donc pas saisir ce sens symbolique. S'il se remplissait les poches d'or et d'argent, il le ferait uniquement pour s'enrichir. Non seulement, il ne peut pas s'approprier ces matières précieuses, mais il doit surtout serrer ses vêtements contre lui pour ne pas courir le risque d'effleurer les parois des salles qui les contiennent, ce qui le bloquerait à ce stade de son processus d'individuation.

ractérisation des simples individus, et en particulier le développement de l'individu psychologique, comme être distinct de la généralité, de la psychologie collective ». En d'autres termes, nous pourrions dire que son but est le développement de la personnalité individuelle.
Le processus d'individuation passe nécessairement par la différenciation du Moi et des instances psychiques inconscientes – si nous l'observons d'un point de vue intrapsychique –, d'une part, et à travers la recherche et la réalisation d'une façon d'être propre, qui se différencie de celle de la collectivité, d'autre part. De cette façon, chacun de nous peut devenir soi-même, un être unitaire et indivisible, distinct de la masse et de la psychologie collective, avec laquelle il devra maintenir une bonne relation.
Puisque l'homme naît et vit dans un groupe social, le développement de sa personnalité, unique et forte, pourrait mener à des rencontres avec d'autres membres de la collectivité, ou à l'isolement. En réalité, nous assistons à un phénomène contraire. Qui atteint son individualité jouit, en effet, d'un plus grand équilibre psychique et généralement est également plus satisfait de lui-même et de la vie qu'il mène ; en outre, la vie individuelle n'est généralement pas en

dans l'histoire d'Aladin, souterraine d'abord puis solaire.

D'une manière symbolique est ici décrit le processus d'individuation : une espèce de rite initiatique, comme ceux qui se tenaient dans « les maisons des hommes » de nombreuses tribus primitives, dont le but était de produire un élargissement et une maturation de la personnalité des jeunes qui participaient à la cérémonie.

Si vous souhaitez mieux comprendre le sens de ces contes – en particulier, celle d'*Aladin et la lampe merveilleuse* – ainsi que les symboles représentés par les chiffres trois et quatre et par la lampe, référez-vous aux encadrés ● et ◆.

opposition avec la vie collective ; tout cela porte à une cohésion plus intense entre les individus et à un meilleur accomplissement des devoirs sociaux. La fin de ce processus est l'individuation de sa réalité psychologique, qui tient compte de ses limites et amplifie ses potentialités, tout en restant liée à autrui et au groupe social. Ce voyage à l'intérieur de l'âme apparaît, en un certain sens, comme indispensable à l'évolution psychologique individuelle et, à terme, à l'individuation de son Soi : le centre régulateur de l'âme, le principe qui structure et organise notre personnalité, l'archétype de la totalité.

PERSONA
C'est un terme forgé par Jung, qui résulte d'un mot de langue latine désignant le masque que les acteurs portaient à l'époque classique. Il se réfère donc au visage, ou plutôt au masque que chacun de nous enfile pour affronter les difficultés de la vie quotidienne.
Persona, pour les psychologues jungiens, est donc la fonction avec laquelle le Moi se met en

•

Quel est le sens symbolique du chiffre trois ? et celui du chiffre quatre ? Pourquoi apparaissent-ils si fréquemment dans les fables, les mythes, les rêves ?

Le trois est un chiffre fondamental dans le monde des symboles. Résultant de la conjugaison du un avec le deux, il est doté d'un dynamisme intrinsèque : si le un représente la cause, l'origine d'une action, et le deux l'action elle-même, sa somme, le trois, ne peut que symboliquement représenter l'objet de cette action, son produit, son résultat.
Quatre sont les points cardinaux, les phases de la Lune, les saisons… Quatre sont les phases des rites initiatiques présents dans de nombreuses cultures anciennes. Son sens symbolique se lie à celui du carré. C'est donc un symbole qui fait allusion au caractère exhaustif, à la totalité, à l'universalité, à l'ordre du monde et des processus inconscients. Mais n'oublions pas que si l'on coupe un carré le long de ses diagonales, on obtient deux triangles égaux et opposés. Le trois est donc contenu dans le quatre. Ces considérations nous permettent de voir, dans la fable d'Aladin, l'opposition entre le trois, qui représente un principe dynamique, et le quatre, qui représente la totalité, comme un mouvement dynamique vers la réalisation d'une personnalité harmonieuse.

contact avec le monde extérieur ; en effet, elle correspond à l'attitude que chacun assume pour protéger le milieu dans lequel il vit ou pour s'adapter à lui, en endossant un rôle adéquat. Au contraire, comme nous l'avons déjà vu, Anima est la fonction avec laquelle les processus inconscients entrent dans le cadre de la conscience ; elle correspond à l'attitude que l'individu manifeste par rapport à son propre être intérieur.
Nous pouvons donc affirmer que si l'Anima correspond à la vie privée d'un individu, la Persona correspond à sa vie publique.
Si l'individu s'identifie exclusivement avec la Persona ou avec le rôle imposé par le contexte social, il n'est plus capable de dialoguer avec lui-même, et par conséquent devient incapable de supporter les tensions intérieures. Les psychanalystes parleraient probablement d'un développement manqué de la fonction animique : c'est cette carence qui détermine, en effet, un développement hypertrophique de la Persona. Dans cette situation, le Moi tend à s'identifier toujours plus avec la Persona qui tend à se conformer toujours plus aux rôles imposés par la collectivité.

◆

Ne vous êtes-vous jamais demandé pourquoi la lampe d'Aladin était merveilleuse ?
Quel est son vrai trésor : l'or et l'argent, ou la lampe enchantée ?

Le symbolisme de la lampe est lié à sa fonction principale : éclairer l'obscur. Et le noir, parce que c'est un obstacle à la vision claire des choses, est une des principales symbolisations de l'inconscient. La lampe de la méthode – disent en effet les Tibétains – permet de découvrir la sagesse. C'est la lumière qui rend manifeste sa présence. Ainsi, c'est toujours la lumière qui témoigne de la présence réelle de Dieu et qui illumine le fidèle durant son chemin. On peut donc supposer que s'il réussit à arriver jusqu'à la « lampe merveilleuse », et s'il entre en sa possession, Aladin sera capable de défier les ténèbres de l'inconscient – afin de pouvoir poursuivre son parcours initiatique.

Mais, outre le fait de représenter la divinité, la lampe est aussi l'image de l'homme. Elle est phallique et masculine par sa puissance magique, et elle est réceptive et féminine par sa cavité qui contient la flamme. Le fruit de l'union de ces opposés est une nouvelle personnalité. Il se réalise alors une « **conjunctio oppositorum** *», selon le terme de Jung. Il s'agit de la fin de l'initiation psychique d'Aladin : c'est le vrai trésor gardé au fond de la caverne. À l'apogée de son parcours souterrain, notre Aladin trouve donc un objet qui contient en lui le principe psychique masculin aussi bien que le fémi-nin : un signe de son caractère exhaustif. Ce trésor est souterrain parce qu'il est protégé dans le monde de l'inconscient, dans le maternel, dans le féminin ; le protagoniste de la fable a le devoir d'affronter les monstres qui hantent les ténèbres, de défier la reine de la nuit, la Grand Mère, pour en ressortir vainqueur, comme un dieu solaire, et porter avec lui les signes de la victoire : une plus grande conscience de lui-même, une énergie nouvelle, une meilleure collaboration avec son inconscient, un nouveau style de vie.*

Peter Pan : l'éternel enfant

Par tradition, chaque année, à Noël, à Londres et dans de nombreuses autres villes anglaises, est mise en scène l'histoire de Peter Pan ; l'un des récits les plus appréciés des enfants et aussi des adultes du monde entier. Le rôle du héros est généralement confié à une actrice, et Clochette – « une fée pas plus grande que la main d'un enfant », « mille fois plus lumineuse que toutes les lumières » – est représentée par une petite lueur. Au moment culminant de la représentation, Clochette, tombée entre les mains des méchants, est sur le point de s'éteindre, mais... attention : « On sait que si les enfants croient aux fées, celles-ci ne peuvent pas mourir. » Ainsi l'actrice qui incarne Peter s'adresse au public à haute voix et demande : « Croyez-vous aux fées ? » « Oui », répondent-ils tous ensemble. Puis encore : « Vous devez le crier plus fort, plus fort ! Seulement ainsi, nous pourrons sauver Clochette, qui va mourir ! » La participation émotive du public est à son apogée. À cet instant tous les enfants, les parents et les grands-parents se lèvent et hurlent à s'en couper le souffle : « Oui ! oui ! nous y croyons ! »

L'auteur de cette œuvre populaire est un Écossais, James Matthew Barrie, né en 1860 et mort en 1937, diplômé de droit, journaliste, romancier et auteur dramatique : lui aussi éternel enfant, exactement comme son immortelle créature. Dans le personnage de Peter, Barrie met sans aucun doute quelque

chose de lui : un refus obstiné de grandir et une naturelle méfiance par rapport au monde des adultes. Aussi, l'auteur n'avertit-il pas : « Qui avant, qui après, tous les enfants grandissent et pas seulement en taille. Tous sauf Peter Pan. » Ce petit être animé fuit de chez lui le jour de sa naissance, parce qu'il entend son père et sa mère faire des projets sur ce qu'il devrait être quand il sera grand... Il ne veut pas grandir, c'est pourquoi il s'enfuit, insouciant et vit très longtemps avec les fées dans « les jardins de Kensington »... dans une île qui titille l'imaginaire de tous les enfants du monde.

« Peter Pan, écrit Barrie, est l'enfance immortelle, la foi dans le rêve, le désir du merveilleux. »

Chacun de nous, dans son esprit, accueille ce petit héros, qui se réveille toutes les fois que nous

ARCHÉTYPE

La théorie de Carl Gustav Jung sur les archétypes s'articule en trois phases qui vont de 1912 à 1919. Mais c'est seulement dans ses derniers écrits en 1919, que nous trouvons le terme « archétype » utilisé pour distinguer le contenu d'un événement psychique déterminé de ce qui en constitue son profil, ou mieux, son modèle inconscient.

Les archétypes constituent donc, pour cet auteur, les contenus de l'inconscient collectif, les expériences fondamentales de tous les hommes. De cette façon, ces expériences peuvent être transmises. Jung écrit : « On se rend compte que l'inconscient, comme ensemble de tous les archétypes, est le dépôt de toutes les expériences humaines jusqu'aux plus obscures origines ; ce n'est pas un dépôt de mort ni un champ désolé de ruines, mais un système vivant et prompt à réagir, et qui par des voies invisibles, et pour cela très actives, régule la vie individuelle. » L'auteur réhabilite le monde des productions inconscientes en leur attribuant un rôle positif, créatif et thérapeutique. Est-il possible de connaître les archétypes ?

sortons de la réalité pour aborder le monde de l'imaginaire.

Ne vous est-il pas arrivé, au moins une fois, de vous réfugier, vous aussi, dans votre imaginaire ? Si vous voulez connaître le sens de ces échappées dans le monde de l'imaginaire, lisez l'encadré ★.

Si vous préférez approfondir le sens symbolique de la figure de Peter Pan et de son inséparable compagne, la fée Clochette, lisez donc les encadrés ◆ et ■. Là se trouve la réponse à ces questions cruciales : d'où viennent les fées ? Que représentent-elles ?

Le héros de ce conte de fées démontre une incroyable incapacité à s'adapter aux règles sociales de la vie adulte, jusqu'à manifester une espèce d'invidualisme exacerbé ; en croyant être un individu spécial, il pense ne pas devoir se plier aux règles des autres.

« Je ne veux pas aller à l'école, pour apprendre des choses ennuyeuses, je ne veux pas devenir un homme. Je ne veux pas me réveiller un jour avec la barbe, chère maman », ce sont les paroles par lesquelles Peter Pan manifeste sa méfiance innée envers le monde des adultes.

Si vous abondez dans son sens il est probable que vous soyez atteint du « syndrome de Peter Pan », ou, comme diront les psychanalystes, que vous soyez dominé par l'archétype du **puer aeternus** ! ...

Le *puer aeternus* se rencontre fréquemment : c'est un ami, un proche ou une connaissance qui en présente les caractéristiques particulières. Un tel croit être supérieur en tout et sur tous. Un autre vit dans sa propre vanité et son propre égocentrisme. Un autre encore croit être un héros, et pourtant fuit toute responsabilité pour éviter les déceptions. Ces personnages, qui, au fond d'eux, pensent être originaux, sont, au contraire, extrêmement communs. Et plus ils s'efforcent de paraître singuliers, anti-

Le point de vue de Jung n'est pas équivoque ; il est impossible d'en connaître l'intime nature : « L'archétype [...] *appartient pour ainsi dire à la partie invisible, ultraviolette du spectre psychique. Ainsi il ne semble pas être susceptible de conscience. »*
Mais nous pouvons tous vérifier sur nous-mêmes les effets des archétypes. Ceux-ci se répercutent, en effet, dans notre conscience, provoquant des représentations qui retracent les schémas universels ou les thèmes dominants de l'inconscient.
Nous pouvons les reconnaître dans toutes les représentations symboliques : l'art, la littérature, la poésie, la peinture, les fables et les mythes et, au niveau individuel, dans l'imagination et les rêves.

PUER AETERNUS
Dans la théorie jungienne, le puer aeternus *est conçu comme la représentation symbolique de l'archétype de l'enfant : un des éléments du couple archétypal formé avec le Senex (le sage, qui est gé-*

conformistes, inspirés, extravagants et excentriques, plus ils entrent dans une typologie névrotique assez large : celle des éternels immatures.

« À tous les grands qui ont été enfants mais qui ne se le rappellent plus » est dédié cet autre conte de fées, aussi fameux que Peter Pan : *Le Petit Prince*, d'Antoine de Saint-Exupéry, un héros de l'aviation française, qui écrivit cette histoire à quarante-deux ans, quand il fut jugé trop vieux pour pouvoir continuer à voler. Malgré une épaule ankylosée à la suite d'un incident de vol, Saint-Exupéry réussit à se faire réadmettre dans les rangs des aviateurs. Il retourna piloter un avion – ayant réintégré le groupe de Grande Reconnaissance Aérienne 2/33, –, mais cette fois-ci disparut, pour toujours, durant une mission : on ne retrouvera aucune trace de lui ; il s'était évanoui comme il convient à un personnage de légende.

Comme l'avait fait Barrie avec Peter Pan, Saint-Exupéry, avait aussi mis beaucoup de lui-même dans

néralement associé au comportement d'une personne mûre : l'équilibre, le sens des responsabilités, la sagesse, la clairvoyance, dans son aspect positif ; le cynisme, la rigidité, la mélancolie, l'autoritarisme et les tendances ultraconservatrices, dans son aspect négatif).
Dans son essai L'Éternel Enfant, l'archétype du puer aeternus, *Marie-Louise von Franz, une des principales représentantes de la psychologie analytique, élève de Jung, souligne comment cet archétype a été fréquemment incarné par des personnages réels et souvent célèbres : hommes qui sont restés piégés dans les mailles d'une psychologie adolescente, immature, puérile, inconstante ; fugaces dans leur humeur, têtus dans leur convictions les plus superficielles, ils sont victimes d'un complexe maternel très prononcé. Ces hommes conservent, adultes, les traits d'une personnalité encore fortement dépendante de leur mère. Parmi ceux-ci : Antoine de Saint-Exupéry. Et nous ne croyons pas nous tromper en ajoutant à cette liste le nom de James Matthew Barrie. Mais nous pouvons peut-être encore plus facilement reconnaître les caractéristiques de cette figure arché-*

★

L'IMAGINAIRE ACCAPARE VOTRE ESPRIT : VOUS NE RÉUSSISSEZ PAS À VOUS CONCENTRER SUR CE QUE VOUS ÊTES EN TRAIN DE FAIRE ? VOTRE CAPACITÉ D'ATTENTION EST RÉDUITE AU MINIMUM ?

Il nous est tous arrivé, à l'époque de l'école, de passer des heures penchés sur nos livres, avec le regard fixé sur les lignes d'un texte, pendant que notre esprit suivait d'autres sentiers : les amis, l'amoureux, les vacances, le sport et beaucoup d'autres thèmes aussi divertissants. Cet élan de l'imagination revêt quelquefois les caractéristiques des « rêves éveillés » ; s'exprime alors le désir de revivre dans le présent, même de manière fantastique, une expérience agréable du passé, dans le but d'en retrouver le goût et d'en revivre les sensations. C'est l'assouvissement d'un désir inconscient, qui, autrement, pourrait troubler l'activité du sujet par la production de symptômes bien plus dévastateurs : anxiété, inquiétude, dépression ou phobie. Ces « rêves éveillés », semblables aux rêves véritables, sont considérés comme des produits de l'inconscient, utiles à notre développement psychique. Mais certains individus se réfugient dans l'imaginaire chaque fois qu'ils doivent se confronter à un devoir difficile ou désagréable... Un analyste réputé racontait qu'une de ses patientes rêvait, lorsqu'elle se trouvait dans des situations qu'elle ne voulait pas affronter, de se retrouver en panne avec sa voiture ; apparaissait alors une voiture identique à la sienne, mais neuve et qui fonctionnait, au volant de laquelle elle se trouvait et conduisait tranquillement, dans la direction exactement opposée à la précédente ! Le rêve montre que

typique dans des personnes de notre entourage : « ingénues, séduisantes, créatives, téméraires, mais également cruelles dans leurs affections, inconstantes dans leurs relations, obsédées par leur mère, incapables de responsabilités durables... »
Combien, parmi vos amis, correspondent, au moins en partie, à cette description ?...
Marie-Louise von Franz donne une lecture essentiellement négative de cette image archétypique, en décrivant une personne qui s'intègre difficilement au cadre social, impatiente et inconstante, incapable de rapports durables et profonds, ingénue et idéaliste.
Il existe cependant dans cette personnalité quelques aspects positifs : la disponibilité à se risquer, le refus des schémas préconçus et dominants dans un certain contexte social, un état constant d'évolution potentielle, le rachat de l'innocence, la capacité de pressentir de nouveaux dons.

cette patiente tentait de surmonter ses difficultés en se réfugiant dans un monde imaginaire. Il s'agissait, évidemment, d'une tentative absolument vaine, comme elle-même devait l'admettre, un peu plus tard, à son thérapeute, en déclarant avec une voix brisée par le regret : « Ce sont des illusions qui ne résistent pas à une confrontation avec la réalité ! » À ce propos, Jung fit une distinction entre imaginaire et imagination, en écrivant : « Je préfère l'expression "imagination" à celle d'"imaginaire" parce qu'entre les deux il y a une différence que les vieux médecins avaient devant les yeux quand ils disaient que opus nostrum, *notre œuvre, doit se réaliser* per veram imaginationem et non phantasticam *– à travers une imagination authentique et non illusoire. » En d'autres termes, l'imaginaire est « pure irréalité » alors que l'imagination est une « création active », un fruit de l'inconscient.*

LE SURMOI

Ce terme aussi, tout comme le Moi et le Ça, est introduit par Freud dans l'élaboration de sa seconde théorie sur l'appareil psychique, qui prévoit la coexistence de trois instances de la personnalité : le Moi, le Ça et le Surmoi. Son rôle est comparable à celui d'un juge ou d'un censeur, et il se comporte ainsi par rapport au Moi.

D'après Freud, le Surmoi se forme avec le déclin du complexe œdipien, alors que l'enfant renonce à la satisfaction de ses propres désirs incestueux – aux alentours de cinq ans – et, en s'identifiant à ses parents, il intériorise cet interdit.

Le Surmoi sera ensuite enrichi par des références culturelles et sociales : l'éducation, les valeurs morales, la doctrine religieuse, etc.

D'autres psychanalystes, qui se sont également occupés de psychologie infantile, ont toutefois exprimé des avis différents.

son récit : son enfance gâtée, passée entre les murs dorés du château de Saint-Maurice-de-Rémens, son angoisse de la douleur, ses jeux inventés avec ses frères, « construits sur mesure », pour pouvoir fuir la réalité quotidienne... Antoine avait grandi comme un « petit prince ».

Tyrannisant le monde des adultes, il disposait à son gré de toutes les fantaisies et de toutes les légendes que son esprit, extrêmement créatif, était peu à peu capable d'imaginer.

Il abritait en lui l'archétype du *puer aeternus.*

Le Petit Prince, semblable à Peter Pan, est devenu un des emblèmes du monde de l'enfance, envié, courtisé, imité par des milliers d'enfants et aussi par quelques adultes...

« Un temps lointain, celui où j'avais six ans, dans un livre sur les forêts primitives, intitulé *Histoires vécues par la nature*, je vis un magnifique dessin. Il représentait un boa en train d'engloutir un animal.

[...] Dans le livre, il était écrit : "Les boas engloutissent leur proie toute entière, sans la mâcher. Après quoi, ils ne réussissent plus à bouger et dorment pendant les six mois que dure la digestion."

Je méditais longtemps sur les aventures de la jungle. Et à mon tour, je réussis à tracer mon premier dessin. Mon dessin numéro un.

Il était comme ça :

Je montrai mon chef-d'œuvre aux grandes personnes, en demandant si le dessin les épouvantait. Mais ils me répondirent : "Épouvanter ? pourquoi donc devrions-nous être épouvantés par un cha-

D'après Mélanie Klein, une psychanalyste qui a écrit de nombreux essais sur le sujet, la formation du Surmoi remonterait à la phase orale, tandis que René Spitz, auteur qui a longtemps étudié le comportement des enfants, voit dans les actions physiques imposées à l'enfant un précurseur de sa formation.
Du Surmoi dépend la capacité d'être autocritique, de faire un examen consciencieux de son propre comportement, d'avoir des idéaux sociaux et des valeurs morales.
Mais les individus qui sont dominés par un Surmoi hypertrophié seront particulièrement rigides, auront un caractère difficile et épineux, parfois aussi hypercritique, briseront leurs impulsions et domineront leurs instincts au point de ne jamais se laisser aller, pas même dans les moments où c'est souhaitable, sinon nécessaire pour jouir pleinement de certains aspects de la vie.

peau ?" Mon dessin n'était pas celui d'un chapeau, mais celui d'un boa qui digérait un éléphant. Afin qu'ils vissent clairement ce que c'était, je dessinai l'intérieur du boa. Il faut toujours tout leur expliquer, aux grands. Mon dessin numéro deux se présentait ainsi :

Cette fois, ils me répondirent de laisser de côté les boas, aussi bien dehors que dedans, et de m'appliquer plutôt à la géogra-

▲

Êtes-vous d'éternels enfants ? Refusez-vous de grandir ? Vous rappelez-vous avec regret et nostalgie le monde de l'enfance ? Peut-être avez-vous été touchés, vous aussi, par le syndrome de Peter Pan ?

Destin commun à tous les enfants, à la fois tragique et inquiétant : devenir adultes. Tôt ou tard, nous sommes obligés de nous rendre à cette évidence. Chacun de nous s'en est aperçu, plus ou moins, à l'âge de deux ans. Mais l'un d'entre nous est parfois différent des autres, et s'obstine à imiter Peter Pan : l'unique enfant au monde à qui il a été concédé le droit de ne jamais grandir. Cet individu qui refuse de grandir, semblable à notre petit héros, dont il veut suivre les traces, doit se réfugier – pour pouvoir survivre aux outrages de la réalité – dans le monde de l'imaginaire, où il pourra donner libre cours à ses aspirations délirantes, à sa folie de grandeur, à son irrémédiable légèreté. Ce monde fantastique devient ainsi, pour lui, plus réel que la réalité. Il ne reste aux autres qu'à constater son immaturité, sa superficialité, l'inconstance qui marque son comportement, l'instabilité et les sautes d'humeur de son caractère. Même si beaucoup d'entre nous sont souvent attirés par ces enfants extrêmement immatures... Peter Pan fuit, plus ou moins consciemment, les responsabilités que chacun de nous est appelé, tôt ou tard, à endosser. Sa capacité à voyager à travers l'imaginaire semble n'avoir ni limite ni frontière. Il n'a pas de norme éthique, de conduite morale, de code capable de le ramener à ses devoirs. Pour décrire, d'un point de vue psychologique, une structure de personnalité de ce type, beaucoup de psychanalystes auront recours à des expressions qui indiquent un développement manqué, une carence ou une déficience du Surmoi ; alors que les psychologues, particulièrement attentifs aux correspondances archétypiques, n'auront pas de difficulté à reconnaître en cette image les traits caractéristiques du **puer aeternus.**

phie, à l'histoire, à l'arithmétique et à la grammaire. C'est ainsi que je renonçai, à six ans, à ce qui aurait pu être ma glorieuse carrière de peintre. »

... C'est de cette façon que Saint-Exupéry commence l'histoire du *Petit Prince* : dans les premières lignes apparaissent deux symboles, le boa et l'éléphant, qui font présager ce qui va se passer.

Ensuite, Antoine rencontrera le Petit Prince, mais cette brève introduction contient déjà en elle tout le drame et le caractère inexorable des événements qui vont se succéder.

■

D'ou viennent les fées ?
Qui sont-elles ?
Que représentent-elles ?

Il est probable que toute l'histoire de Peter Pan n'existerait pas sans l'apport fondamental d'un personnage secondaire ; son nom est « Petite Cloche », mais par habitude, elle fut appelée « Clochette ». Une petite fée, très jalouse, peut-être aussi un peu envieuse, éperdument amoureuse de Peter. C'est à elle qu'est dédié le moment culminant de l'histoire et c'est encore elle qui possède la poudre magique qui permet de voler. Voler – dans le contexte global de cette fable – est interprété, dans un sens symbolique, comme le fait de savourer un faux sentiment de liberté ; il s'agit en vérité d'une complète déresponsabilisation et d'une fuite dans le monde de l'imaginaire. Qui vole, se libère et peut jouir d'une incroyable sensation de légèreté ; mais on perd le contact avec la réalité, souvent sans s'en apercevoir : nous pourrions aussi dire que l'on n'a plus « les pieds sur terre ». C'est pour cela que : « Chaque petit garçon et chaque petite fille devrait avoir sa fée, écrit Barrie, mais ce n'est pas toujours comme cela. Aujourd'hui les petits ne croient plus aux fées, et chaque fois que l'un d'eux dit "je n'y crois pas", voilà que, quelque part, une fée tombe à terre et meurt ».

Le monde des fées n'existe que parce qu'il y a des enfants prêts à croire en leur réalité. Une fois par an, ainsi que la maman de Wendy qui promet de la laisser aller retrouver Peter Pan pour une semaine, « pendant le grand ménage de printemps », il nous est certainement permis à nous aussi de retourner dans le monde de l'enfance, savourer la sécurité du sein maternel, d'en revivre la quiétude, de s'enfoncer dans sa tendresse. Mais au-delà de cette permission, croire aux fées peut être très dangereux : une invitation à rester dans le monde des éternels immatures, des adolescents jamais grandis...

Quand l'auteur rencontre le jeune héros de l'histoire, après s'être « crashé » dans le désert du Sahara, il se trouve à des centaines de miles de n'importe quel centre habité, et n'a qu'une misérable réserve d'eau ; pour en réchapper, il doit absolument réparer le moteur de son avion : « son moteur »...

Une métaphore claire de ce qui arrive à l'homme, parvenu à la moitié de sa vie, quand il s'aperçoit que, pour aller vers l'avant, il ne peut plus compter sur l'aide des autres, mais qu'il doit se débrouiller tout seul.

Quel atroce destin attend, au passage, le Petit Prince ?

On peut se rapporter à l'encadré pour une analyse psychologique des symboles principaux qui caractérisent le début de cette fable, le boa et l'éléphant.

Il ne fait aucun doute sur le sens négatif de cette image : un boa qui engloutit un éléphant est un repas difficile à digérer, même pour une structure psychologique aussi forte que celle d'un enfant de six ans !

En dépit des apparences, ces histoires sont réelles. Parce que chaque enfant, aux quatre coins du globe, les a partagées avec d'autres enfants au cours d'un laborieux processus d'apprentissage et d'évolution psychologique. Il ne reste qu'à faire une dernière et amère remarque : la réalité et la dureté de la vie n'ont pas changé depuis que Peter Pan ou le Petit Prince ont mis les pieds sur terre...

Quel est le sens symbolique du boa ? Et celui de l'éléphant qu'il engloutit ? Pourquoi, ensuite, l'engloutit-il tout entier ?

Dans les premières pages du Petit Prince, *nous trouvons le dessin d'un boa qui engloutit, en une seule bouchée, un gros éléphant ; l'auteur regrette d'avoir été contraint de dessiner l'intérieur du serpent, afin que l'on puisse voir la silhouette de l'éléphant, parce qu'il sait que les « grands » ont du mal à comprendre certaines choses !*

Le boa constricteur est capable d'immobiliser et de tuer des proies de grande dimension, en les enveloppant et en les broyant dans ses puissants anneaux : d'abord il les serre puis les étouffe, et enfin les déglutit, les digère et s'endort. Il s'agit donc d'un symbole de l'inconscient qui étouffe toute impulsion vitale et empêche l'évolution psychologique. Cela correspond à la tentation de retourner en arrière, de réintégrer le monde paradisiaque de l'enfance perdue, de s'abandonner à la chaude et mortelle emprise d'une mère castratrice, qui nous tenaille quand les tendances régressives de l'inconscient sont plus fortes que nous. En dernière analyse, nous pouvons y entrevoir une pulsion autodestructrice.

Il est important d'analyser aussi le symbole de l'éléphant. Dans bon nombre de pays, on croit, ou l'on croyait, que c'était la monture idéale pour les rois ; cet animal représente le pouvoir royal, si bien que sa puissance, selon les croyances, donne à ceux qui l'invoquent tout ce qu'ils peuvent désirer. En Afrique, d'après d'autres légendes, l'éléphant est un emblème de force, de prospérité, de longévité. Dans l'ensemble, l'archétype du héros est projeté sur cette figure, parce qu'il résume, en soi, la puissance, la force et le courage, avec la sagesse et la prudence, le savoir et les connaissances d'un vieux sage. Il s'agit donc d'un symbole qui fait allusion à une personnalité harmonieusement développée, qui a parcouru toutes les étapes du développement psychologique individuel. Il est donc aisé de comprendre combien est négatif le message transmis par l'auteur dans ses premières lignes. C'est l'annonce d'une tragédie : le héros qui, potentiellement, aurait pu naître dans l'esprit de Saint-Exupéry est mortellement et inexorablement pris dans les rets d'un fantôme maternel, glacial, dévorant et castrateur qui empêche toute évolution. Un morceau difficile à avaler, comme lui-même l'écrira...

Le roi Arthur et la naissance de l'homme moderne

Nous avons vu, dans les chapitres précédents, comment les fables, les rêves et les œuvres d'art sont capables de nous fournir de très utiles informations sur ce qui se produit dans notre âme. Nous avons aussi pu constater la validité de cette méthode, aussi bien dans l'étude de la psychologie individuelle que dans la psychologie collective.

Il s'agit maintenant de retracer les éléments psychologiques qui constituent les fondements des légendes et des mythes. En 1909, Jung écrivit à Freud son intérêt pour cette matière qu'il appelait en plaisantant : « ma nouvelle bien-aimée sauvage ». Freud, partagea d'abord l'enthousiasme de son collègue et l'encouragea à poursuivre ses études et ses recherches, convaincu que, sans une connaissance approfondie de la mythologie, il n'était pas possible de « dissoudre le dernier nœud des névroses et des psychoses ». Ce thème – qui ouvrira la route à une nouvelle interprétation de la théorie

de la **libido** ne coïncidant pas avec la proposition restrictive du père de la psychanalyse – provoquera la rupture entre eux. Cet événement conduisit progressivement à l'émergence de deux doctrines psychanalytiques distinctes : la psychanalyse de Sigmund Freud et la psychologie analytique de Carl Gustav Jung.

Fut-ce vraiment une question purement théorique qui causa l'irréparable litige ? Ou y eut-il d'autres raisons moins nobles ?...

Mais revenons aux mythes. À la différence des personnages des contes, les héros des mythologies sont des dieux et des demi-dieux ; ces histoires sont à l'origine de bien des civilisations, des religions, des cultures. Les légendes relatent également les exploits de jeunes héros, valeureux guerriers, vieux sages fascinants, ou de terribles et tentatrices jeunes filles. La plupart du temps, la légende est étroitement liée au mythe.

La plus connue est peut-être l'histoire du roi Arthur et des chevaliers de la Table ronde.

Mais qui était ce souverain ?

Une création de l'imagination populaire, qui projetait en lui ses aspirations de grandeur et de revanche ? Un produit de l'inconscient collectif qui, de cette manière, cherchait à compenser la dureté, les humiliations et les difficultés de la vie quotidienne ? Ou bien, s'agissait-il d'un véritable roi ?

Il est décrit comme tel dans

LIBIDO
« Libido », en latin , signifie « désir ». Freud utilisa ce terme, et on en trouve déjà des traces dans les premières lettres qu'il écrivit à son ami Fliess, pour définir une forme d'énergie concernant la pulsion sexuelle.
Cette énergie peut être, selon Freud, « soustraite » à la pulsion sexuelle pour aller vers trois types de transformations.
Le premier type concerne son objet : dans ce cas, on obtiendra un déplacement des investissements.
Ou bien – si la transformation de la pulsion sexuelle concerne son objectif –, il y aura des sublimations (activités qui occupent le temps et l'énergie d'un homme sans avoir de rapport apparent avec la sexualité, mais qui tirent leur force de la libido sexuelle ; parmi celles-ci : l'art et l'utilisation de l'intellect).
Enfin – si la transformation de la pulsion sexuelle concerne la source de la stimulation sexuelle –, il y aura une diversification des zones érogènes (d'après Freud, tout le corps est une

les écrits d'un auteur français du XIIe siècle.

Ce qui est historiquement prouvé, c'est qu'il existe des traces d'un noble guerrier, aux ascendances romaines, qui porte le nom d'Artorius ; il vécut en Bretagne vers 500 après Jésus-Christ. Ses aventures, l'alliance avec les chrétiens, la défaite infligée aux Saxons et pour finir la fin tragique de son peuple, d'abord humilié, puis laissé à l'abandon, se prêtent parfaitement aux extrapolations et au récit des exploits du roi Arthur et de ses valeureux chevaliers de la Table ronde.

Ce récit fut transmis par voie orale, s'enrichissant constamment de nouveaux détails, englobant de nouveaux personnages, s'étendant jusqu'à devenir une célèbre légende sur ce puissant roi qui réussit à conquérir une grande partie de l'Europe.

Merlin, le « prophète de Bretagne », fut un très bon conseiller de ce preux et célèbre guerrier ; il était l'ami d'Arthur. Dans la suite du récit, l'Enchanteur rencontrera Viviane, qui lui volera les secrets de la magie pour, ensuite, l'enfermer à vie dans une prison d'air. Mais Merlin tombera éperdument amoureux d'elle, jusqu'à se condamner volontairement, par amour pour elle, à un éternel emprisonnement. Il est évident que la figure de Merlin a de profondes valeurs psychologiques. Cet argument est détaillé plus en profondeur, dans l'encadré ▲.

En tout état de cause, ce fut vraiment lui, « le prophète de Bretagne », qui désigna un monolithe où était enfoncée jusqu'à la garde une épée merveilleuse, et prédit : « Celui qui extraira l'épée sera le véritable roi de Bretagne, par la volonté de Notre Seigneur. » Celui qui surmontera cette difficile épreuve, apparemment impossible, sera le protagoniste principal de toute l'histoire : le roi Arthur.

Son droit de commander toutes les armées de Bretagne fut établi par la posses-

zone érogène, jusqu'aux organes internes, mais quelques zones seraient prédestinées physiologiquement à cette fonction : la zone orale, la zone anale, urétro-génitale et les tétons).
Carl Gustav Jung élargira le concept de libido, en désignant par ce terme l'énergie psychique en général : l'appétit que chacun a, par rapport à certaines choses, personnes ou activités. De ce fait, il finira par utiliser, de manière interchangeable, ce terme avec celui « d'énergie psychique ».
Cette dispute théorique sera la cause d'une querelle qui ébranlera le monde de la psychanalyse, le divisant définitivement : ceux qui soutiennent la psychanalyse de Freud, d'une part, et les disciples de la psychologie analytique de Jung, d'autre part.

PSYCHANALYSE ET PSYCHOLOGIE ANALYTIQUE

En 1900, Jung lit, pour la première fois, L'Interprétation des rêves de Freud *; six ans plus tard, il lui envoie la copie de son travail,* Recherches expérimentales sur les associations des individus normaux *; commence alors une correspondance longue et fournie.*

▲

D'où vient le pouvoir de Merlin ? Pourquoi se laisse-t-il capturer par Viviane ? Quelle est la raison de sa fascination ?

Même le lecteur le moins attentif s'est aperçu que l'esprit de Merlin imprègne toute l'histoire. C'est lui qui amène le roi Arthur à gouverner en Bretagne. C'est lui qui suggère la création de la Table ronde. Et c'est toujours lui, enfin, avec sa magie, qui permet que l'on retrouve le Graal. Même quand il est prisonnier dans le château enchanté de la Dame du Lac (Viviane), il continuera à déterminer le sort des chevaliers de la Table ronde et du royaume de Camelot. Ce qui le distingue des autres protagonistes de la légende, et le situe à une position supérieure, c'est sa connaissance des arts de la magie.

Les psychanalystes parlèrent d'une identification avec les forces inconscientes, afin de les combattre et de neutraliser leur pouvoir de destruction, ou pour s'en servir en s'alliant avec elles, pour exercer un meilleur contrôle sur elles et sur le monde extérieur. Merlin présente donc les caractéristiques psychologiques du vieux sage : un archétype qui unit le savoir des anciens à la sagesse de la Tradition. C'est pour cela qu'il peut être perçu comme une sorte de prêtre, un chaman ou un « homme - médecine », qui reste en retrait de l'Anima. Il endosse l'identité d'une figure supérieure, en contact immédiat avec la sagesse de l'inconscient, qui peut déterminer le sort d'un individu, ou le destin d'un peuple. Dans la légende du roi Arthur, Merlin assume le rôle du guide, qui a la faculté de voir plus loin que les autres, ayant recours à la puissance de l'esprit et de la réflexion, développant énormément l'art de la concentration et de l'attention. Mais il s'aperçoit que l'inconscient des autres hommes est resté indompté, dévasté par la tension des conflits qui, inévitablement, obligent à poursuivre les luttes, représentées dans la légende par les entreprises des chevaliers de la Table ronde. Écœuré par la stupidité des hommes, Merlin décide de se retirer dans la forêt, où il vit une sorte d'expérience mystique, se dédiant à l'observation des étoiles et à l'art de la prophétie. Sa « folie » doit être interprétée comme un acte initiatique, par lequel il tend à obtenir un meilleur contact avec le monde de l'âme. Enfin, dans une complète solitude, il ouvrira une porte sur l'inconscient collectif et cherchera à découvrir son destin.

De cette manière, Jung prend connaissance d'un ensemble théorique dans lequel il peut développer et confronter ses idées ; en outre, il fait l'expérience d 'une image paternelle forte et autoritaire face à laquelle il doit intellectuellement s'affirmer.
Mais retournons à la correspondance : 360 lettres, 163 de Freud et 197 de Jung, écrites en un peu moins de sept ans, avec une fréquence presque hebdomadaire, d'avril 1906 à janvier 1913. Une lecture attentive de ces lettres fournit des données intéressantes sur les problèmes théoriques, sur le narcissisme, la schizophrénie, la théorie de la libido, et aussi sur le développement du mouvement psychanalytique, profondément influencé par cet échange épistolaire, jusqu'à la fameuse rupture entre Freud et Jung
Mésententes et incompréhensions atteignent bientôt un point de non-retour. En dernier acte de la crise, Jung donne sa démission de la présidence de l'Association psychanalytique internationale, emmenant avec lui son groupe de psychanalystes « zurichois », en juillet 1914. Les points de contradiction sont nombreux. Jung perçoit, dans l'approche freudienne, une attitude excessivement systématique. En outre, à la différence de Freud, il considère l'inconscient comme

sion d'Excalibur, l'épée enchantée qu'il extrait sans aucun effort de la roche dure, et dont le nom hébreu pourrait signifier « taille fer et acier ».

Il est donc évident que cet objet a une grande valeur symbolique (décrite dans l'encadré ■).

Le roi Arthur gouvernait depuis le château fort de Camelot ; il eut pour épouse l'infidèle Guenièvre, et réunit une cour d'habiles guerriers, toujours prêts à défendre la cause de la Couronne et à accepter une quête.

Parmi les histoires de ces preux chevaliers, les exploits de Perceval le Gallois et de Gauvain, le neveu favori d'Arthur, sont particulièrement célèbres. Leurs aventures méritent une analyse que vous pourrez découvrir dans l'encadré ●...

La légende raconte que le roi Arthur institua, sur les conseils de Merlin, la Table ronde, en mémoire du Dernier Repas de Jésus. Sa forme ronde rappelle que quiconque s'assoit à cette table a les mêmes droits et les mêmes devoirs que les autres chevaliers appelés à y prendre place. Par la suite, tous s'emploieront à exceller dans une grande entreprise : la recherche du Graal.

Pour une analyse plus approfondie de la valeur symbolique du Graal, le vase mystique qui fut utilisé par Jésus-Christ au cours du Dernier Repas et qui, ensuite, recueillit son sang, nous renvoyons le lecteur à l'encadré ◆.

La véritable signification de cette recherche ne réside pas tant dans le fait de retrouver le précieux calice que dans celui de pouvoir aller au bout de cette quête.

Ceux qui portèrent à terme cette expédition furent Galaad et Perceval. Galaad transporta le Graal hors du royaume de Logres, qui s'était rendu indigne de l'accueillir. La première cause de la ruine du royaume de Logres est à chercher dans

quelque chose de potentiellement utile et créatif, qui n'est pas qu'un réceptacle pour les contenus refoulés, mais aussi pour ses « modèles innés » : les archétypes.
D'autres aires de dissensions concernent, en premier lieu, le problème des origines de la conscience morale. Jung, en contradiction avec la théorie freudienne du Surmoi, a suggéré que ce qui pousse un individu vers une conduite morale constitue un principe inné d'individualité.
En second lieu, il a préféré souligner, dans le cadre de l'analyse du complexe œdipien, l'importance de la relation primaire entre la mère et l'enfant.
Enfin, le refus d'attribuer à la libido sexuelle une valeur privilégiée dans l'économie de la vie psychique est l'occasion de la rupture définitive entre Jung et Freud.

■

Quel est le sens symbolique de l'épée dans le rocher ? Pourquoi s'appelle-t-elle Excalibur ? Pourquoi donne-t-elle force et pouvoir à celui qui la possède ? Et vous, n'avez-vous jamais rêvé d'être armé d'une épée ?

Excalibur est le nom de l'épée que le roi Arthur, à peine âgé de seize ans, extrait sans aucun effort du rocher. D'après d'autres sources, ce roi possédait deux épées : Séquence, l'épée extraite du rocher et qui n'est utilisée que pour les duels mortels, et Excalibur, qui lui fut donnée par une main mystérieuse, émergeant d'un lac. En tout cas, les chevaliers les plus forts de tout le royaume ont échoué à s'approprier l'épée. Aussi, après avoir vaincu la jalousie et l'embarras de ses rivaux avec l'aide de Merlin, Arthur régnera sur tout le pays avec une extrême sagesse. Pourquoi est-ce justement une épée qui lui donne ce pouvoir ? L'épée est un symbole guerrier, qui fait allusion à la hardiesse et à la force de qui l'utilise, et évoque la puissance. Cette dernière, évidemment, a un sens ambivalent, positif ou négatif, suivant celui qui l'utilise et la manière dont il l'utilise. L'épée revêt une valeur symbolique négative quand elle est mise au service de la tyrannie, de l'arrogance et de l'injustice, alors qu'elle est un symbole positif quand elle défend la paix et la justice. Elle devient aussi le symbole d'une guerre « sainte » qui représente un combat intérieur, un conflit inconscient. En ce sens, dans la psychologie individuelle, elle symbolise l'instrument approprié pour couper le cordon ombilical qui nous retient dans le monde de l'enfance. Alors que dans la psychologie collective, elle offre la possibilité de s'affranchir du passé ; cela coïncide avec la naissance de l'homme moderne, comme vous le verrez dans l'encadré ●...

◆
Où est née la légende du Saint-Graal ? Quel est son sens symbolique ? Pourquoi conditionne-t-il, depuis plus de mille ans, la vie des hommes ?

La légende raconte qu'après avoir recueilli le sang de Jésus le Saint-Graal fut transporté, au terme de moult péripéties, jusqu'en Angleterre. Dans cette île, il inspira, nourrit et illumina les exploits des chevaliers de la vraie foi.
Ainsi le Graal représente, en même temps, le sacrifice du Christ pour les hommes, la grâce divine accordée à ses disciples et le calice de la messe qui contient le sang du Sauveur.
Mais souvent, les activités les plus superficielles de la vie nous empêchent de nous rendre compte de sa présence. Même si nous en sommes très proches, nous ne pouvons, en effet, pas le voir, du moins, tant que nous ne sommes pas réellement et très sérieusement occupés par notre monde psychique.
Cela est le drame de l'homme : aveuglé par les conquêtes matérielles de la vie, il néglige la réalité spirituelle. En d'autres termes, nous pourrions dire que le développement psychologique ne s'obtient pas à coups de lance, mais à travers une méticuleuse recherche intérieure, qui permet au cœur et à l'âme de se transformer : il faut, en effet, dépasser la hardiesse de Lancelot et l'engagement de Perceval pour arriver à la pureté de Galaad, l'image vivante de Jésus-Christ.

VIEUX SAGE
Jung associe l'image du vieux sage avec la personnalité « mana ». Par ce terme, « mana », les populations polynésiennes et mélanésiennes indiquent une énergie, un pouvoir, une influence qui a quelque chose de surnaturel. Il s'agit donc d'une force immatérielle. Cette qualité confère une grande énergie et beaucoup de sagesse à qui la possède et la contrôle. Dans le langage moderne, ce terme pourrait être approximativement traduit par le mot « charisme ».
Le vieux sage possède ces caractéristiques, ainsi que le prêtre, le médecin, le guérisseur, le sorcier, le chaman, et quiconque serait assez familier avec le monde de l'inconscient pour pouvoir transmettre et répandre son énergie.
L'exemple d'une personnalité « mana », contemporaine, décrite par un écrivain célèbre, Carlos Castaneda, est don Juan : une figure capable d'élargir les horizons psychiques des personnes qui se soumettent à son enseignement. L'individu qui se trouve en présence d'un vieux sage est souvent attiré par cette image, qui semble capable de favoriser et de diriger le développement psychique individuel.

l'amour que Lancelot, le père de Galaad, nourrissait pour Guenièvre, la belle et infidèle épouse du roi Arthur. À la fin de cette histoire tourmentée, survient aussi pour Galaad le moment de la mort, et le vase mystique s'élèvera vers le ciel...

La recherche du Saint-Graal n'est pas le fait de tous : seul un homme mûr, doté d'une grande force intérieure, équilibré dans sa personnalité, peut se risquer dans cette épreuve, avec quelques espoirs de succès. Le vase sacré peut ne pas être trouvé, même s'il est très proche, parce que l'homme est totalement aveuglé, trop préoccupé par le côté spirituel ou matériel de la vie.

C'est pourquoi Jung affirma que le Graal est un symbole de la « pureté intérieure » que les hommes ont toujours recherchée.

Le « mana » appartient, selon Jung, à cette « indescriptible chose entre les contraires et ce qui concilie les contraires, ou le résultat du conflit, ou le produit de la tension énergétique : le devenir de la personnalité, un individualisme qui fait un pas en avant ».
Un devenir individuel qui se complète, s'achève dans la vieillesse. La vieillesse, en effet, peut être conçue comme le stade de la vie qui s'approche du plus haut degré de sagesse concédée au genre humain ; il renvoie aux vertus acquises, aux réflexions profondes et aux expériences prépondérantes de notre existence. En d'autres termes, on pourrait dire que la vieillesse est la phase de notre vie qui nous permet d'appréhender vraiment l'idée d'éternité.

●

D'après vous quelle signification revêt la figure de Perceval ? Et celle de Gauvain ? Quel rapport symbolique les unit ?

La beauté, la générosité et la fidélité absolue envers son roi et sa reine, la courtoisie et la droiture font de Gauvain l'un des meilleurs chevaliers de la Table ronde, apprécié surtout par les femmes. C'est un grand ami de Lancelot, qu'il imite pour sa vertu et sa valeur, jusqu'à ce qu'un désir de vengeance s'empare de lui, à la suite de la mort d'un de ses frères, traîtreusement provoquée par ce même Lancelot. À partir de cet instant, il ne cessera plus de pousser le roi Arthur à la guerre, jusqu'à ce qu'il réussisse à affronter en duel son vieil ami : blessé mortellement, il quittera pour toujours le monde terrestre.

L'image de Perceval est bien différente : il grandit auprès de sa mère au cœur d'une forêt, d'abord complètement ignorant des principes de la chevalerie ; parti à la recherche du Graal, il renoncera aux armes, après avoir achevé sa mission, pour devenir ermite.

Le premier représente le héros médiéval, au sens classique du terme : un homme de grand courage, à l'âme limpide et à l'honneur sans tache Le second, au contraire, a les caractéristiques opposées : il est souvent en proie aux difficultés de la vie, il trébuche, tombe et se relève une infinité de fois ; mais ce sera lui, et non son rival, après des années de voyage, qui retrouvera le vase sacré. Gauvain surmonte toutes les épreuves que la vie lui impose, mais quand il se trouve devant le Graal, il est précipité dans un profond sommeil à cause de toutes les peines qu'il a affrontées jusqu'alors au cours de cet exténuant voyage. Perceval, au contraire, éprouve mille difficultés, mais son échec n'est qu'apparent : il s'arrête, retourne en arrière, perd de nombreuses fois son chemin ; mais à la fin, même si son parcours est parsemé d'innombrables embûches, il sera vainqueur : il s'agit donc d'une représentation de l'homme moderne. Un homme qui se heurte à de multiples obstacles et qui n'est jamais sûr de rien, qui a perdu l'arrogance et l'attitude hautaine de l'homme médiéval, qui méconnaît totalement l'idéal primitif du héros antique. D'abord, Perceval n'accomplit pas son devoir, parce qu'il ne se pose pas la bonne question : « Quel est le sens de tout cela ? » Il ne réalise que très progressivement ce qui arrive, et s'achemine lentement vers une pleine conscience de lui-même et du monde.

Prométhée vole le feu aux dieux

Nous allons bientôt terminer notre voyage dans les territoires de l'inconscient. Nous avons ainsi traversé de nombreuses contrées voisines, passant des rêves à la peinture, de la musique au théâtre et à la littérature, des fables aux légendes. En dernière et indispensable étape, il nous reste à explorer l'espace immense du mythe. Grâce à lui s'élaborent les trames universelles de l'inconscient, de manière précise et distincte. Le mythe demeure toujours aussi riche au fil du temps. Il plonge ses racines dans notre histoire, ce qui suffit à justifier notre intérêt pour lui. Dans presque tous les pays du monde, même les plus lointains et dans des cultures absolument différentes de la nôtre, nous retrouvons les mêmes contenus mythologiques. Ayant écarté la possibilité d'une transmission culturelle de ces contenus, nous devons penser que l'inconscient collectif a œuvré de la même manière dans nos sociétés que chez ces peuples lointains et qu'il est à l'origine de tous les mythes.

Parmi tous les dieux grecs, Prométhée est certainement celui qui, dans une moindre mesure, s'est associé aux douleurs et aux souffrances de l'humanité, ayant fait cause commune avec elle, comme aucun autre dieu de l'Olympe ne l'avait fait auparavant. Quelques narrateurs le dépeignent comme un bienfaiteur de l'humanité, alors que d'autres n'hésitent pas à le désigner comme le créateur du genre humain. Son histoire est éminemment édifiante... et mérite d'être analysée.

Lorsqu'il dut faire le partage des offrandes sacrificielles qui incombaient aux dieux et aux hommes, Prométhée tua un bœuf et le divisa en deux : d'une part, il disposa les os, couverts d'une attrayante couche de gras luisant et blanc ; de l'autre, il cacha la viande dans l'estomac et les autres abats de la bête. Puis il prit soin, avec une grande déférence, de faire choisir à Zeus, fils de Chronos et de Héra, la part qui lui plaisait le plus. Il indiqua évidemment le gras, qui avait un aspect beaucoup plus appétissant que les abats, laissant ainsi involontairement la partie la meilleure aux mortels. Lorsqu'il découvrit la supercherie, furieux du tour qu'on lui avait joué, le premier des dieux priva les hommes du feu que Prométhée lui-même leur avait donné.

Ce dernier – astucieux mais aussi bien hypocrite... – osa défier de nouveau les dieux, en faveur des hommes : il réussit à voler le feu et le rapporta sur la Terre, caché dans la tige d'une férule, la plante qui servait de thyrse aux bacchantes. Ainsi, sous des airs innocents, il réussit à tromper pour la seconde fois, le fils de Chronos...

Quel est donc le caractère de Prométhée ?

Quels traits de sa personnalité le poussaient à tant d'audace ? Pourquoi était-il prêt à tromper les dieux pour s'emparer du feu ?

S'approprier le feu par un subterfuge révèle un grave défaut, dévoile l'Ombre, dans la personnalité de celui qui agit ainsi. Ce défaut se révèle comme l'aspect négatif de Prométhée. En accomplissant ce geste, il défie le côté obscur de sa personnalité. Pour une analyse plus approfondie du sens psychologique et symbolique de ce mythe, nous vous suggérons de lire l'encadré ▲ ...

Retournons pour l'instant à la fureur de Zeus qui, ayant observé du haut de l'Olympe tout ce qui s'était passé, décida de punir aussi bien les mortels que leur bienfaiteur.

Contre les premiers, il décida d'envoyer Pandore, une créature expressément modelée pour eux, mais qui était aussi belle et séduisante que fausse et fourbe : une femme destinée à châtier la race humaine ; Hésiode, dans la *Théogonie*, la définit en ces termes : « le beau mal » : poétique et explicite !

Zeus savait que Prométhée était trop rusé pour accepter un de ses cadeaux, il décida donc d'envoyer Pandore, « celle qui a tous les dons », à Épiméthée, le frère de Prométhée. Ce dernier ne fit pas attention aux conseils de son frère et épousa la belle Pandore, qui avait apporté avec elle un cadeau offert par les dieux : un coffret qui contenait tous les maux et les calamités. Une fois que le coffret fut ouvert, ceux-ci se répandirent dans le monde entier et, depuis, ils affligent le genre humain, pendant qu'il ne reste au fond de la boîte que... l'espérance ! C'est ce qui donna malgré tout aux hommes la force de résister...

Pourquoi Épiméthée n'écouta-t-il pas son frère, bien plus sage et astucieux que lui ?

Pourquoi Pandore, en proie à la curiosité, ouvrit-elle la boîte pleine de tous les maux qui existaient dans le monde ?

Une analyse du symbolisme de ces personnages vous est proposée dans les encadrés ■ et ●.

Terrible fut la punition que Zeus réserva à l'astucieux Prométhée : il l'enchaîna avec des liens d'acier à un rocher du Caucase, d'autant plus contrarié qu'il refusait de révéler une prophétie le concernant. Zeus alors, envoya un aigle lui dévorer son foie immortel : ce que l'oiseau mangeait le jour repoussait durant la nuit...

La vulnérabilité fait donc partie intégrante de ce dieu infortuné, affligé d'une

FONCTIONS PSYCHOLOGIQUES
En poursuivant ses études sur la typologie, Jung étudie quatre fonctions psychologiques : la pensée (savoir ce qu'est un objet donné, lui donner un nom et l'associer éventuellement à d'autres objets), le sentiment (jugement, valeur, qualité que nous attribuons à un objet déterminé), l'intuition (ce qui ne motive aucune autre tendance, sans recourir à ce que nous savons déjà et sans avoir besoin de le prouver) et la sensation (ce qui est appréciable par les sens, mais sans que ceux-ci nous indiquent nécessairement ce dont il s'agit).
Une division ultérieure différencie deux couples de fonctions psychologiques : une rationnelle, formée par la pensée et le sentiment, et une irrationnelle, formée par l'intuition et la sensation.
De cette façon, Jung forme un modèle capable de décrire en général la conscience d'un individu. Chacun de nous utilise principalement une fonction supérieure, représentée par une des quatre fonctions expliquées selon la typologie (introvertie ou extravertie) principale du sujet. À côté de celle-ci, réside une fonction auxiliaire qui appartient nécessairement au couple (rationnel ou irrationnel). En troisième et

▲
Pourquoi Prométhée vole-t-il le feu aux dieux ? Pourquoi un aigle lui mange-t-il le foie pour le punir ? D'après vous, quelle partie d'une personnalité globale peut-il représenter ?

Prométhée vole le feu aux dieux. Il doit s'emparer du feu, la flamme dont la lueur peut éclairer les côtés obscurs de sa personnalité. Ainsi, le feu est soustrait aux dieux, caché dans la tige d'une férule : un symbole phallique, qui fait allusion à la puissance génératrice du feu, à sa force créatrice, à sa capacité de purifier et de préparer une nouvelle croissance. Le foie aussi, qui dans l'histoire de Prométhée repousse chaque nuit, représente une image cosmique de l'obscurité. L'aigle, envoyé par Zeus, se nourrit en effet de son « obscurité », attribuant à Prométhée une place dans le monde des Ombres. Nous devons donc nous demander à quel type d'obscurité, ou mieux, quelle partie de sa personnalité est restée dans l'Ombre ?

Son nom signifie « celui qui réfléchit avant d'agir » : il représente donc l'image d'un introverti, fidèle, peut-être trop, aux principes de son monde intérieur. Il sacrifie une grande partie de ses potentialités dans le rapport continuel avec son monde inconscient, perdant de vue son « centre » : il manque la relation avec le monde extérieur. Le développement de cette tendance unilatérale interdit tout contact avec le monde des objets extérieurs : il est nécessaire de rétablir une bonne harmonie psychique. Prométhée représente donc, dans le cadre d'une hypothétique personnalité unique, la partie introvertie, qui précisément réfléchit avant d'agir.

quatrième position, résideront respectivement les fonctions opposées à la fonction auxiliaire et à la fonction supérieure. Un exemple : un individu qui a comme fonction supérieure la pensée et comme fonction auxiliaire la sensation aura comme troisième fonction l'intuition et comme quatrième le sentiment.

TYPES PSYCHOLOGIQUES

Dans les premières années de ce siècle, Jung se demandait comment la conscience pouvait se manifester au niveau pratique, de manière différente, dans les individus. Les études sur la question furent recueillies en 1921 en un volume unique, Types psychologiques. *Ce texte représentait, jusqu'à aujourd'hui, une des plus importantes contributions de l'auteur des théories psychanalytiques sur la structure de la personnalité.*

On sait que quelques individus sont majoritairement stimulés par leur monde intérieur, alors que d'autres sont motivés par des objets qui peuplent le monde de la réalité moderne. En recourant à des termes déjà

blessure dont il ne se remettra jamais. Cette blessure représente un besoin de « rédemption ». Cette caractéristique ne le rapproche-t-il pas encore plus du genre humain ?

Il est probable que, dans les mythes originaux, Prométhée était condamné à expier sa faute pour toujours. Mais les Grecs ne pouvaient admettre que ce bienfaiteur de l'humanité reste à jamais enchaîné à un rocher. Et il ne pouvait être admis non plus que les dieux perdent la face en voyant leur autorité bafouée.

Il s'agissait de trouver une solution honorable pour tous ! Le mythe grec fait donc intervenir un nouveau héros : Héraclès, qui avait touché involontairement d'une flèche le Centaure Chiron. Ce dernier désirait en finir avec les souffrances infligées par cette blessure inguérissable. Mais pour ce faire, il devait renoncer à sa propre immortalité, qui passa à Prométhée, pendant qu'Héraclès abattait, volontairement cette fois, l'aigle qui dévorait son foie. Prométhée se réconcilia avec Zeus ; il lui révéla la prophétie qu'il avait jusque-là refusé de dévoiler, et qui menaçait Zeus : l'enfant qu'il aurait eu de Thétis serait devenu beaucoup plus puissant que lui, et, adulte, l'aurait sûrement dépossédé.

Zeus, comme cela était prévu, tomba amoureux de cette déesse, mais ayant été informé par Prométhée de l'avenir funeste qui lui était réservé, la fit épouser à un mortel, espérant que le fils de cet humain ne pourrait jamais constituer une menace pour lui. Ainsi, Thétis s'unit à Pélée et de leur union naquit Achille, qui deviendra l'un des héros du célèbre poème homérique : *l'Iliade*.

Dans ce chapitre, nous avons fait référence à une interprétation psychologique du mythe grec de Prométhée. Cette analyse est reprise en détail dans les encadrés ▲, ■, ●.

existants, Jung crée deux catégories : les introvertis et les extravertis. De cette manière, il établit que la conscience de chacun de nous peut s'orienter d'après deux types principaux. Il écrit « [celui] qui est caractérisé par l'introversion pense, sent et agit de telle manière qu'il laisse entendre clairement que son déterminant principal est le sujet, alors qu'il confie à l'objet une valeur tout au plus secondaire [...] *Celui qui se trouve dans un état d'extraversion pense, sent et agit en relation à l'objet et ceci dans une forme directe et clairement perceptible à l'extérieur, afin qu'il ne puisse susciter aucun doute sur son attitude positive au regard de l'objet ».*
Évidemment, il s'agit d'une approche très théorique, qui n'exclut certes pas que toute personne possède ces deux aspects. Mais il est toujours possible d'isoler la caractéristique qui prédomine, et, « génétiquement », est en mesure de satisfaire au mieux un individu déterminé. Parfois il arrive qu'une structure spécifique finisse par utiliser unilatéralement une typologie psychique au détriment de l'autre. Ce déséquilibre constitue, pour Jung, le début d'une névrose.

On y développe une clé de lecture particulière : pourquoi considérer Prométhée, Épithémée et Pandore comme des figures à part, et ne pas les interpréter comme les aspects différents d'une personnalité psychologique globale ? Il pourrait en effet en être ainsi si l'on prend en considération les théories de Jung sur les types psychologiques et les fonctions psychologiques (inférieures et supérieures).

On pourrait connaître les différentes attitudes compensatoires qui caractérisent

■

Pourquoi Épiméthée est-il l'exact contraire de son frère ? Pourquoi ne prend-il pas garde aux conseils de Prométhée et épouse-t-il Pandore ? À votre avis, quelle partie d'une personnalité globale peut-il représenter ?

Si le comportement de Prométhée est clairement introverti – il sacrifie, en effet, le rapport avec le présent pour anticiper et se préparer à l'avenir –, la conduite, quant à elle, de son frère est à l'évidence tout à fait opposée, complètement orientée vers les objets du monde extérieur. C'est pourquoi, fasciné par la belle Pandore, il ne prend pas garde aux bons conseils de son frère. En un certain sens, on peut dire qu'il a vendu son âme en échange d'un bel objet, séduisant dans sa perfection, malveillant par nature.

À notre époque, on dirait qu'Épiméthée se détermine, non par ce qu'il fait, mais par sa capacité à paraître. Si Prométhée s'est donc trop approché du monde de l'Anima, compromettant ainsi son équilibre psychique, il tente de rétablir une bonne harmonie en déplaçant le centre du système vers la Persona. Il représente, comme son nom l'indique, « celui qui d'abord réfléchit, ensuite agit ». Dans le cadre d'une personnalité unique, beaucoup trop orientée dans le sens de l'introversion, est apparue de façon compensatoire une tendance opposée, donc extravertie, qui tend à rétablir un bon équilibre. Ces deux figures mythologiques représentent donc la lutte qui se vérifie, dans le cadre d'une personnalité unique, entre tendance introvertie ou extravertie. Cett lutte doit nécessairement passer par l'inconscient, et donc par l'Anima. Dans l'ensemble, l'hypothétique personnage que nous évoquons ainsi se comporterait extérieurement comme Épiméthée et intérieurement comme Prométhée, et ces deux tendances seraient en conflit perpétuel, chacune d'elles cherchant à s'approprier le Moi.

●

Quelle est la véritable signification de Pandore ? Pourquoi est-elle envoyée sur la Terre pour punir les hommes ? D'après vous, quelle partie d'une personnalité globale peut-elle représenter ?

Prométhée s'est trop abandonné dans son monde intérieur, dan son Anima ; il s'y est inconditionnellement soumis. Étant donné qu'il prend parti pour elle, de manière vraiment partiale, chaque tendance lui suggère une voie différente et promptement refoulée dans son inconscient, dont elle ne peut émerger que sous forme de projection. C'est pourquoi un ange lui apparaît, qui peut être considéré comme la projection de la nécessité d'une meilleure adaptation à la réalité du monde extérieur ; il lui dit : « Si tu ne réussis pas à te libérer en ton âme, tu perdras le bénéfice de tant d'années, la paix du cœur et tous les fruits de ton esprit multiforme [...]. »

Mais Prométhée est présomptueux, il ne se fie qu'à lui-même, croit être aussi puissant que Zeus ; c'est pourquoi il ne peut accueillir cette instance réparatrice sans l'intervention de Pandore – sublime et perfide jeune femme qui apporte lutte et souffrance.

Il s'agit d'un passage nécessaire : en s'enfonçant dans les ténèbres de l'inconscient, en affrontant la douleur de cette « descente » et en luttant contre les démons qui surgissent, on peut obtenir une vraie transformation psychique. Pandore, donc, dans le cadre de la personnalité complexe et unique que nous cherchons à reconstruire, représente un aspect de l'Anima qui met en contact le Moi avec l'inconscient, un processus chargé de souffrances, mais qui conduit à la maturité de notre hypothétique personnage.

soit l'interaction entre les composantes conscientes et inconscientes de la personnalité individuelle, soit le jeu complexe d'équilibre gagnant qui règle les principales fonctions psychologiques : le sentiment, la pensée, la sensation, l'intuition.

À la recherche de nous-mêmes

Notre voyage touche à sa fin. Nous espérons que le plaisir purement littéraire se sera associé à la conviction d'avoir progressé dans la connaissance de soi. Dans ce livre, nous avons cherché à impliquer le lecteur comme dans un jeu, qui ferait surgir le désir de comprendre mieux le monde de l'âme et, encouragerait à une meilleure connaissance de sa propre structure psychique.
Nous n'incitons surtout pas à l'auto-analyse, qui, d'un point de vue strictement thérapeutique, n'a aucun sens, puisque chacun oppose des résistances inconscientes ou non, mais qui ne peuvent certainement pas être surmontées sans l'aide d'un professionnel.
Mais nous pensons que ce texte peut effectivement, au-delà des « résistances » psychologiques individuelles, faire la lumière sur quelques processus psychiques qui conditionnent quotidiennement notre comportement.
Voyons maintenant comment on pourra tirer profit de ces nouvelles connaissances.
Nous sommes partis de très loin : des rêves. Une voie royale pour arriver à l'inconscient, comme aimait le souligner Freud, ou aussi le miroir de l'âme, comme l'affirmait Jung.
Il peut être utile pour la plupart d'entre nous de chercher à se rappeler et à comprendre les rêves, dans la mesure du possible. Car, souvent, ceux-ci se dissipent au matin, en l'espace de quelques secondes. On peut prévoir de disposer du papier et un stylo sur la table de chevet, le soir, avant de s'endormir, pour essayer de retranscrire les rêves dès le réveil.
On peut encore tenter de libérer notre esprit par le jeu des associations, appliqué librement aux éléments principaux du rêve ou de tout ce qui nous passe par la tête. Nous interroger sincèrement sur ces associations est une excellente façon de pénétrer le sens caché de nos songes.
Il est également possible de travailler sur une série de rêves, ceux d'une nuit entière ou ceux de plusieurs jours consécutifs. Ils décrivent souvent les mêmes situations, renvoient aux mêmes préoccupations, mais avec de légères variantes. Ce processus psychique est évolutif : on doit le considérer dans sa totalité. Mais avec une certaine circonspection. Il faut être davantage attentif à la finalité des rêves qu'à leur cause. Un rêve qui nous invite à descendre dans une grotte, pour chercher un trésor caché, peut être une invitation à sonder la profondeur de notre inconscient, alors qu'un rêve qui nous ramène continuellement au sol, interrompant un vol magique, heureux et inconscient, peut constituer un appel à garder « les pieds sur terre », à nous occuper plus de notre vie, en termes pratiques et matériels.
Un dernier avertissement : ne nous effrayons pas des sensations de peur qui, parfois, troublent la quiétude de nos nuits ; c'est la distance d'avec notre conscience. Il s'agit de fragments oniriques étrangers à notre Moi, qui sont ressentis comme dangereux, envahissants, angoissants, bouleversants.
Si nous rêvons que nous sommes poursuivis par un

personnage sans visage, il vaut mieux s'arrêter et l'attendre, parce qu'il pourrait s'agir d'une partie psychique que nous ne connaissons pas encore et qu'il conviendrait de « rencontrer » pour savoir s'il faut l'assimiler ou la réprimer. Du rêve à la production artistique, le pas est vite franchi. L'art se nourrit aussi des productions de l'inconscient... et vice versa !

Quand nous sommes fascinés par un tableau magnifiquement peint, ou que nous sommes éblouis par une musique qui nous paraît céleste, ou que nous nous perdons dans la lecture d'un bon livre, ou dans une œuvre théâtrale, avons-nous simplement été dépassés par un phénomène esthétique ?

Notre inconscient est impliqué dans un processus d'échange avec l'œuvre d'art, un échange qui se produit en deux directions. D'abord venant de « l'intérieur », les contenus inconscients individuels et collectifs sortent vers « l'extérieur », exploités par l'artiste qui est capable de leur donner une forme esthétiquement appréciable et qui réalise ainsi une œuvre d'art universelle. Puis, ces mêmes contenus inconscients s'offrent à l'observateur attentif qui, à leur vue, s'imprègne de leur force, en apprécie le contenu, en savoure la profondeur. Chacun de nous peut être cet observateur attentif. C'est pourquoi nous conseillons d'essayer d'appréhender l'art, avec un regard attentif, mais en même temps détaché, de façon à pouvoir pressentir les fluctuations de notre monde intérieur.

Nous devons apprendre à communiquer avec notre inconscient et à en déchiffrer les messages, même si ceux-ci atteignent parfois la conscience sous forme de douloureux symptômes somatiques, de crises d'anxiété, de panique, de dépressions, par le biais de lapsus ou d'actes manqués...

Nous pouvons ainsi découvrir une partie de notre Ombre, relever de nouveaux défis, nous engager sur une voie nouvelle...

Mais il faut toujours suivre ses propres inclinations. Il arrive trop souvent selon la logique de la compensation, que nous soyons attirés par des représentations contraires à notre propre structure psychique.

Si par la suite nos goûts devaient soudainement changer, interrogeons-nous donc sur les raisons et les conséquences de ce revirement.

La psychologie collective a toujours anticipé, en se dévoilant jusque dans les grandes œuvres d'art, tant les périodes heureuses que les siècles obscurs qui ont caractérisé l'histoire de tout peuple.

Il suffit de penser à quelques exemples : la musique de Wagner, la peinture de Picasso et de Manet, les écrits de Schiller, les comédies de Molière, les chefs-d'œuvre de Flaubert et de Baudelaire. Ceux-ci, soit dit en passant, juste pour en citer quelques-uns.

Les contes et les mythes doivent également maintenir en éveil notre curiosité et notre attention.

Il peuvent nous aider à comprendre mieux notre monde psychique. Par exemple, quand nous lisons un conte à nos enfants, notre unique préoccupation ne devrait pas être de ne pas nous endormir avant eux ! Nous devons au contraire chercher à comprendre la signification psychologique de ce que nous sommes en train de lire : en étant attentif au nombre de personnages, à leur genre sexuel, et aux successives modifications de ces facteurs.

Un conte qui commence avec un père autoritaire, entouré de ses trois fils, qui continue avec le meurtre d'une sorcière par le fils aîné, puis s'achève avec le mariage des trois fils, qui, par la suite, retournent à la maison avec leurs épouses, ne peut que parler de recherche et de l'intégration du féminin, évidemment absent au début du récit. Alors qu'un conte qui veut souligner le développement d'une conscience masculine, évoquera par exemple un noble cavalier parti à la recherche de la dame de ses rêves : les psychanalystes, dans ce cas, parleront d'un Moi masculin qui cherche à conquérir son Anima.

Les légendes et les mythes offrent aussi un champ de recherche extrêmement intéressant ; parfois même, indispensable pour la compréhension des processus psychiques collectifs, qui finissent par déterminer l'évolution historique des peuples.

Quelques derniers conseils pour ceux qui désirent explorer plus profondément ce domaine...

On apprendra beaucoup, par exemple, du nom et des caractéristiques psychologiques des héros : le mythe n'est autre qu'une représentation des processus psychologiques inconscients qui caractérisent la vie de chacun... Inutile d'apprendre par cœur les arbres généalogiques des dieux de l'Olympe ! Ce serait du temps perdu...

Il suffit, comme dans l'histoire de Prométhée, d'observer les différents protagonistes, leurs caractéristiques psychiques, la nature des rapports qu'ils entretiennent entre eux, leur symbolisme et les liens qui les unissent.

Sachez distinguer l'Anima et la Persona, le Puer et le Senex, le masculin et le féminin, etc.

L'inconscient collectif a construit le mythe, l'a façonné totalement. Les destins individuels sont régis par des principes identiques.

C'est le sens d'une phrase célèbre : l'inconscient agit sur les individus comme sur les nations. Accepter ce principe permet d'aller à la découverte de soi, d'accéder à une personnalité plus harmonieuse, d'établir un rapport fécond avec ce monde intérieur, si riche et énigmatique, qui réside en chacun de nous...

Bibliographie

Alfred Adler
Praxis and Theory of Individual Psychology
Londres, Routledge & Kegan Paul, 1950.

Yves Bonnefoy
Dictionnaire des mythologies et des religions des sociétés traditionnelles et du monde antique
Flammarion, 1994.

Jean Chevalier, Alain Gheerbrant
Dictionnaire des symboles
Laffont, 1994.

Marie-Louise von Franz
La voie de l'individuation dans les contes de fées
Fontaine de Pierre, 1986.

Sigmund Freud
Totem et Tabou
Gallimard, 1989.
L'Interprétation des rêves
PUF, 1993.
Psychopathologie de la vie quotidienne
Payot, 1989.
Trois essais sur la théorie sexuelle
Gallimard 1985.

Carl Gustav Jung
Les types psychologiques
Georg, 1983.
Mysterium conjonctionis
Albin Michel, 1980.

Emma Jung, Marie-Louise von Franz
La Légende du Graal
Albin Michel, 1988.

Jean Laplanche, Jean-Baptiste Pontalis
Vocabulaire de la psychanalyse
PUF, 1992.

Guide des questions

Index des thèmes psychanalytiques